선생님,
홍범도 장군이
누구예요?

선생님, 홍범도 장군이 누구예요?

제1판 제1쇄 발행일 2025년 7월 17일

글 | 김삼웅
그림 | 홍윤표
기획 _ 책도둑(김민호, 박정훈, 박정식)
디자인 _ 이안디자인
펴낸이 _ 김은지
펴낸곳 _ 철수와영희
주소 _ 서울시 마포구 월드컵로 65, 302호(망원동, 양경회관)
전화 _ 02) 332-0815
팩스 _ 02) 6003-1958
전자우편 _ chulsu815@hanmail.net
등록번호 _ 제319-2005-42호
ISBN 979-11-7153-031-1   43990

ⓒ 김삼웅, 홍윤표 2025

* 이 책에 실린 내용 일부나 전부를 다른 곳에 쓰려면 반드시 저작권자와 철수와영희 모두한테서 동의를 받아야 합니다.
* 잘못된 책은 출판사나 처음 산 곳에서 바꾸어 줍니다.
* 철수와영희 출판사는 '어린이' 철수와 영희, '어른' 철수와 영희에게 도움 되는 책을 펴내기 위해 노력합니다.

어린이제품 안전특별법에 의한 기타 표시사항
제품명 도서 | **제조자명** 철수와영희 | **제조국명** 한국 | **전화번호** (02)332-0815 | **제조연월** 2025년 7월 | **사용연령** 8세 이상
주소 04018 서울시 마포구 월드컵로 65, 302호(망원동, 양경회관)
주의사항 종이에 베이거나 긁히지 않도록 조심하세요. 책 모서리가 날카로우니 던지거나 떨어뜨리지 마세요.

선생님, 홍범도 장군이 누구예요?

글 김삼웅 | 그림 홍윤표

철수와영희

머리말

우리는 왜 홍범도 장군을 알아야 하나요?

홍범도 장군(대한독립군 총사령관)은 우리 독립운동사에서 열 손가락 안에 꼽힐 만한 분입니다. 그의 생애를 살펴보면 한 편의 영화나 드라마와도 같습니다. 아무리 유능한 작가라도 이처럼 극적인 작품을 만들기가 쉽지 않을 것입니다.

홍범도 장군은 가난한 집안에서 태어나 일주일 만에 어머니를 여의고, 아버지는 남의 집 머슴으로 고된 노동을 하다가 홍범도가 아홉 살 때 돌아가셨습니다. 고아가 된 홍범도는 먹고살기 위해 머슴살이를 합니다. 의협심이 강했던 그는 군 생활과 공장 근무 시절 부패한 상관과 못된 공장주를 두들겨 패고 금강산으로 들어갑니다.

그 무렵 일본 제국주의(일제)가 침략합니다. 홍범도는 산포수 의병을 시작으로 항일전에 앞장섭니다. 누가 시킨 것이 아니라 스스로 나선 일입니다.

그의 활동 무대는 지금의 함경도 지역인 관북의 산악 지대로부터 만주와 러시아를 거치고, 말년에는 중앙아시아 카자흐스탄으로 쫓겨

갔습니다. 초기 의병 활동가 중 홍범도 장군처럼 오랜 기간 치열하게 일제와 싸운 사람도 흔치 않지요. 독립군을 이끌고 최초로 일본이 점령한 국내 진공 작전에 나선 사람도 홍범도 장군입니다.

그는 이순신 장군 이래 최고의 통쾌한 승리였던 봉오동 전투와 청산리 대첩의 주역이었어요. 뛰어난 전략 전술로 청일 전쟁과 러일 전쟁의 승자였던 일본 정규군을 물리쳤습니다. 그러나 안타깝게도 일제와 싸우는 과정에서 부인과 자식을 잃었습니다. 부인은 일제 감옥에서 고문으로, 큰아들은 전선에서 일본군과 싸우다 전사했어요. 둘째 아들은 병사했습니다.

우리 독립운동의 방략(방법과 전략)에는 여러 가지가 있어요. 그중에서 가장 힘겨운 방략이 무장 투쟁입니다. 실제로 희생자가 가장 많았으며, 일제가 제일 두려워했습니다. 홍범도 장군은 처음부터 무장 투쟁론자로서 한결같았습니다.

홍범도 장군은 봉오동 전투와 청산리 대첩을 승리로 이끈 후 일제의 추격으로 피신할 때 러시아령(러시아 영토)에서 동포 독립운동 진영 간의 갈등을 조정하고, 장기전에 대비하여 황무지를 개간하면서 이주 동포 및 부하들과 둔전(유사시 군량미를 생산하는 논)을 경영합니다. 그런데 어렵게 농사를 지어 추수할 때면 소련 관리들이 나타나 농작물을 빼앗아 갔습니다. 국적이 없다 보니 땅을 소유할 수 없다는 약점을 노린 것이지요.

    동포와 부하들은 홍범도에게 소련공산당에 입당하길 바랐어요. 워낙 항일전에서 유명하여 소련(현재의 러시아) 관리들도 함부로 대하지 못할 것이므로 자신들의 보호막이 되어 주길 기대한 것입니다. 1927년의 일입니다.

    이것이 2023년, 육군사관학교 교정에 설치된 홍범도 장군 흉상을 철거하려는 사태의 빌미가 되었어요. 공산주의 이념에 동조해서가 아니라 이주 동포와 부하들 삶의 터전을 지키고자 한 일인데도 100여 년 전의 일을 들춰 독립운동가를 욕보인 것입니다.

    홍범도 장군은 1937년 소련의 권력자인 스탈린에 의해 러시아령 블라디보스토크 지역에 살던 동포 17만 명과 함께 중앙아시아 카자흐스탄으로 강제로 이주당했어요. 낯선 땅에서 그는 이주민들의 정신적 지주가 되었어요. 극장 수위 일을 하며 동포들의 민족의식을 고취하면서 항일 무장 투쟁의 꿈을 버리지 않았습니다. 그러다 일흔다섯 살이던 1943년 조국 해방을 2년 앞두고 서거하셨습니다. 1962년 대한민국 정부는 건국훈장 대통령장을 추서했으나 한동안 잊힌 독립운동가가 되었어요.

    카자흐스탄 공동묘지에 묻혔던 홍범도 장군 유해는 서거 78년 만인 2021년 8월 15일 문재인 정부에 의해 고국으로 봉환되어 국립 대전 현충원에 안장되었습니다. 그리고 정부는 육군사관학교에 김좌진·이범석·지청천 장군, 이회영 선생과 함께 홍범도 장군 흉상을 세웠습니다. 이를 못마땅하게 여긴 사람들이 홍범도 장군을 콕 찍어 흉상 철거 파동을 일으켰어요.

    나라의 독립을 위해 자신은 물론 가족까지 희생한 홍범도 장군은 일제가 가장 두려워했던 무장 독립 전쟁의 영웅이고, 전투에서 세운 공로는 독립운동사의 자랑스러운 기록입니다. 그는 나라가 어려움에 처했을 때 어떻게 살아야 하는가를 보여 주었고, 그것은 분명한 역사로 남아 있습니다. 우리가 홍범도 장군을 알아야 하는 이유입니다.

김삼웅 드림

차례

머리말: 우리는 왜 홍범도 장군을 알아야 하나요?   004

1장. 홍범도의 청년 시절

1. 구한말 혼란의 시기에 태어나다   012
2. 가난하고 힘겨웠던 어린 시절   016
3. 10대에 군인이 된 홍범도   019
4. 불의에 맞서며 성장하다   023
5. 금강산 신계사에서 만난 평생 인연   028
6. 동학 농민 혁명군의 패전 소식이 들려오다   032
7. 열강의 이권 침탈로 만신창이가 된 우리나라   040
8. 포수로 살며 평범한 가정을 꾸리다   044

2장. 의병 전쟁에서 독립 전쟁으로

9. 산포수 의병 부대를 조직하다   048
10. 유격전으로 일본군을 격파하다   052
11. 잔악한 일제의 회유와 가족의 죽음   056
12. 치열했던 항일전 성과   060
13. 동지들과 함께 압록강을 건너다   064
14. 연해주에서 만난 안중근   068
15. 본격적인 독립 전쟁을 준비하다   071
16. 독립운동에 불어온 3·1 혁명의 바람   074

3장. 봉오동 전투와 항일 무장 항쟁

17. 대한독립군을 창설하다   078

18. 항일 연합군의 국내 진공 작전　081
19. 독립군 부대의 연합 전선　084
20. 홍범도 장군이 이끈 봉오동 전투　086
21. 마적단까지 동원한 일제의 복수　089
22. 독립운동사에 길이 남을 청산리 대첩　093

4장. 조선의 독립을 위해 러시아로 가다

23. 참혹했던 일제의 민간인 학살　98
24. 러시아령 이만으로 부대를 옮기다　101
25. 자유시 참변의 비극　105
26. 소비에트 정권의 배반　107

5장. 이국의 땅에서 별이 지다

27. 모스크바에서 만난 레닌　112
28. 동포와 함께 재기를 꿈꾸다　115
29. 소련공산당에 입당한 사연　119
30. 스탈린의 폭거와 카자흐스탄 강제 이주　123
31. 파란만장한 생애를 일지로 남기다　126
32. 일흔다섯 살의 거인, 마침내 눈을 감다　130

맺음말: 뜬금없는 '홍범도 장군 지우기'에 부쳐　133

1 홍범도의 청년 시절

1. 구한말 혼란의 시기에 태어나다

사람은 저마다 태어난 시대가 다릅니다. 어떤 사람은 평화롭고 안정된 시기에 태어나지만, 또 어떤 사람은 전쟁·내란 등 어려운 시국에 출생합니다. 이는 자기 의지와는 상관없는 일이지만, 살아가는 동안 피치 못할 영향을 받습니다. 우리가 배우고자 하는 홍범도 장군은 나라의 사정이 대단히 어려운 시기에 태어났습니다. 당시 역사적 상황이 어떠했는지 그 큰 줄기를 살펴봅니다.

홍범도 장군이 태어나던 해인 1868년은 어린 나이에 왕이 된 고종 대신에 그의 아버지 흥선 대원군이 나라를 다스리고 있었어요. 4년 전 민족 종교 동학을 창도한 최제우가 처형되고(1864년), 2년 전에는 평양 군민들이 통상을 요구하며 행패를 부린 미국 상선 제너럴셔먼호를 불태워 버린 사건과 프랑스 함대가 천주교 탄압을 빌미로 강화도를 침략한 병인양요(1866년)가 있었습니다. 그가 세 살 때인 1871년에는 제너럴셔먼호의 책임을 묻겠다면서 통상을 요구하던 미국과 충돌한 신미양요가 일어납니다.

장군이 일곱 살이던 1875년에는 일본 함대가 강화도 일대를 침략한 운요호 사건이 발생하고 이듬해에 조선과 일본의 강화도 조약(1876년)이 체결됩니다.

1882년에는 조선의 군인들이 신식 군대와의 차별 대우에 항의하여 일으킨 임오군란이 일어나고 여기에 일본이 개입하면서 제물포 조약을 맺지요. 홍범도 장군이 열네 살이던 청소년기에 접어들 무렵이었습니다.

조선 말기에는 국정이 문란했고, 외세가 밀려와서 불평등한 조약을 맺게 됩니다. 전국 여러 지역에서 민란이 일어나면서 나라가 극도의 어려움에 빠져들었습니다.

당시 홍범도의 생애와 크게 관련되는 사건을 두 개 꼽으라면, 하나는 1868년 1월 일본의 메이지 유신입니다. 당시 왕이던 메이지는 일련의 개혁을 통해 일본 열도를 통일하고 부국강병책을 펴면서 조선 침략을 준비합니다. 다른 하나는 일본의 조선 침략의 첫 단계인 강화도 조약 체결입니다. 1876년 2월 일본은 운요호 사건을 핑계로 구로다 기요타카를 특명 전권대신으로 삼고 8척의 군함과 600여 명의 무장 병력을 조선에 보내 협상을 강요했어요. 메이지 유신은 홍범도 장군이 태어나던 해에, 강화도 조

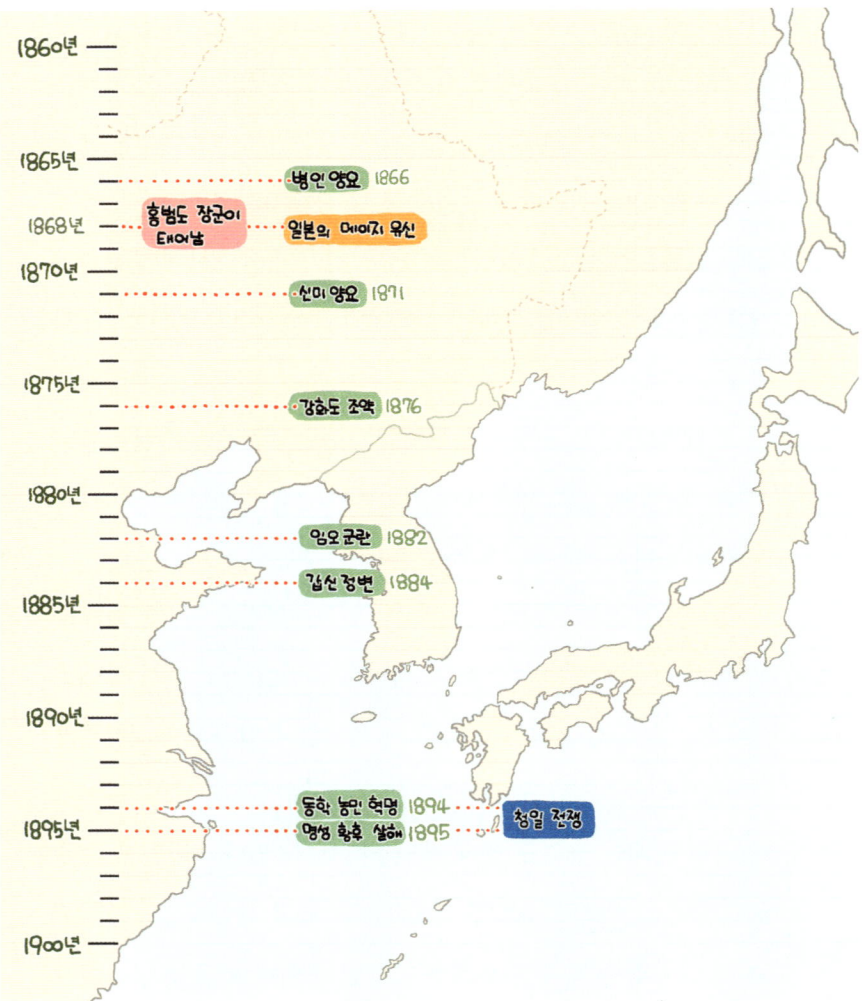

약은 여덟 살이 되던 때에 이루어졌습니다.

    한편 조선에서는 김옥균 등이 주도한 갑신정변(1884년)이 '삼일천하'로 끝나고, 홍범도 장군이 스물여섯 살이던 1894년 동학 농민 혁명이 무라타 소총 등 현대식 병기로 무장한 일본군에 의해 수많은 희생자를 낸 채 진압되고 말았어요. 정부는 갑오개혁(1894년)을 통해 국정의 일대 혁신을 추진했으나 일본의 간섭으로 벽에 부딪혔습니다. 이듬해 일본은 명성 황후를 살해하는 만행을 자행하고(1895년), 이와 단발령에 격분하여 을미의병(1896년)이 일어났어요. 홍범도 장군은 이러한 격변기에 태어나고 성장합니다.

2. 가난하고 힘겨웠던 어린 시절

홍범도는 1868년 8월 27일(음력, 양력으로는 10월 12일) 평안도 평양 외곽에 있는 문열사 부근에서 가난한 농부인 홍윤식의 아들로 태어났어요.

출생 후 일주일 만에 어머니가 돌아가셨어요. 아홉 살이 되었을 때 아버지마저 세상을 떠났습니다. 남의 집 머슴이었던 아버지는 힘겨운 노동에 시달리다가 눈을 감았어요.

어려서 부모를 잃은 홍범도는 몸집이 크고 건장해서 지주 집의 꼴머슴으로 들어가 일했습니다. '꼴머슴'이란 소먹이인 풀을 베어 오고 농사일을 돕는 소년 머슴을 말합니다.

조선 시대의 노비에 가까운 머슴은 천민 계급에 속했습니다. 당시 시대가 변하고 있었어요. 1894년 동학 농민 혁명 당시 폐정 개혁안 12개 중 '노비 문서 소각'이 있었고, 갑오개혁 때의 '문벌과 양반·상놈의 계급제 타파' 등으로 천민 계급의 신분제가 크게 흔들렸습니다. 그러나 '머슴'은 형태를 바꾸며 여전히 존속했어

요. 다만 일정한 급여를 받고 종신제가 아니며 언제든 떠날 수 있어서 기존 노비와는 다소 차이가 있었습니다.

조선 말기에 머슴의 정확한 수는 통계가 없어 알기 어렵지만 대략 30만 명을 초과했으리라는 것이 학계의 추산입니다. 홍범도의 집안은 여기에 속했어요. 홍범도의 아버지는 물론 본인도 꼴머

습을 하는 등 최하층 신분으로 살았습니다. 나라에서 혜택을 받기는커녕 핍박과 멸시를 당하면서 청소년기를 보낸 홍범도는 막상 나라가 위기에 처하자 적극적으로 나섭니다. 양반·귀족 출신들이 몸을 사리거나 일제의 앞잡이가 될 때 누구보다 먼저 의병·독립군이 되었습니다.

3 | 10대에 군인이 된 홍범도

홍범도가 힘겨운 머슴살이를 하고 있을 즈음인 1882년 6월 9일 임오군란이 일어났어요. 당시 군인은 하층민 출신들이 대부분이었는데, 이들의 급료는 한 달에 쌀 네 말 정도로 한 가족의 생계에도 못 미치는 박봉이었습니다. 그나마 정부의 재정 악화로 1년 넘게 급료를 받지 못했어요.

더욱이 신식 군대라는 별기군만 특별 대우를 하여 군인들의 분노를 샀고, 뒤늦게 지급된 한 달 치 급료인 쌀은 양이 모자라고 쌀겨와 모래가 섞여 있었습니다. 그러자 이에 대한 분노가 폭발하여 책임자 민겸호의 집을 공격하고, 무기고를 열어 무장을 갖춘 군인들이 별기군의 일본인 교관인 호리모토 레이조 등을 처단했습니다. 임오군란이지요.

임오군란 후 정부는 군제를 크게 바꾸었습니다. 청국군의 지도를 받아 군제가 개편되고 평안도 감영(관찰사의 직무 관아)도 친군서영으로 명칭을 바꿨어요. 그리고 새로 군사를 모집합니다.

홍범도가 열다섯 살이 되던 해입니다. 홍범도는 새로 군인을 뽑는다는 소문을 듣고 응시했어요. 아직 나이가 미치지 못했으나 나이 두 살을 올린 데다 우람한 체구여서 합격합니다. 남의 집 머슴살이보다는 군인이 되어 앞길을 열어 나가는 편이 나을 듯해서 택한 것입니다. 이렇게 입문한 군인의 길이 그 후로 의병·독립군

대장이 되어 무인으로 살아가게 될 시작점이 될 줄은 그 자신도 몰랐을 것입니다.

홍범도는 임오군란 이듬해인 1883년 평양 감영의 우영 제1대 소속의 나팔수로 근무하게 되었습니다. 남의 집 머슴살이에서 군인이 된 것이지요. 그것도 행군이라도 할라치면 맨 앞에서 나팔을 불어 대열을 인도하는 역할이었습니다.

얼마 후부터는 사격술을 배우고 제식 훈련도 받았어요. 열성을 다한 홍범도는 사격술에서 뛰어난 실력을 내보였습니다. 당시 조정에서는 평양의 병력 일부를 뽑아 임오군란 이후 혼란해진 서울의 치안과 관청의 경비를 맡겼습니다. 이때 체력이 좋고 사격술도 우수한 홍범도는 서울로 파견을 나가게 되었어요.

난생처음 본 서울은 평양에 비할 바가 아니었습니다. 사람도 많았고 외국인도 심심치 않게 보였어요. 각종 신기한 물건이 한껏 호기심을 불러일으켰습니다. 그 무렵 영국이 러시아의 남방 진출을 막는다는 구실로 우리나라 거문도를 점령하고(1885년 3월), 같은 해 10월에는 청나라의 위안스카이가 총독처럼 군림하면서 고종 폐위 음모를 꾸미는 등 조선 내정에 간섭했습니다.

홍범도가 근무하는 군대는 부패와 차별이 심하고 걸핏하면

구타가 자행되었습니다. 상급 장교들의 부패는 도를 넘었고, 하급 병졸들과의 차별이 극심했어요. 나라를 지키고 백성을 보호한다는 본연의 임무는 어디에서도 찾기 어려웠습니다. 그러던 어느 날 홍범도는 부정부패를 일삼던 상관을 혼내 주고는 4년간 복무하던 군을 떠납니다.

홍범도에게 군인 생활은 고통스러웠지만 이후 산포수와 의병 활동, 독립군 대장을 하는 데 많은 도움이 되었습니다.

4 불의에 맞서며 성장하다

1887년 홍범도는 의분에 못 이겨 부패한 상관을 때려눕히고 탈영했지만, 막상 갈 길이 막막했습니다. 나이는 어느덧 열아홉 살, 머슴살이와 군인 활동으로 체력이 단련되고 신체도 훤칠하게 성장했습니다. 하지만 동서남북 어디에도 갈 곳이 없었어요. 평양의 숙부 집이 생각났으나 가난한 형편이어서 더부살이는 염치없는 일이었습니다. 다 큰 청년의 자존심이 허락하지 않았어요.

그때 함께 군인 생활을 하던 친구의 말이 떠올랐습니다. 황해도 수안군에 종이 만드는 제지소가 있는데 각지에서 많은 사람이 몰려와 일한다는 것이었습니다. 깊은 산속이라 피신하기에 적합하다고 판단하고 수안으로 발길을 옮겼어요. 뒤쫓는 사람이 있을까 하여 큰길을 피해 샛길로 발길을 재촉했습니다.

황해도 수안군은 동쪽은 곡산군, 서쪽은 서흥군과 평안남도 중화군, 남쪽은 신계군, 북쪽은 평안남도 강동군과 성천군에 접하고 있습니다. 이곳에서는 예부터 닥나무를 이용하여 한지(韓紙)를 제조했습니다. 나라에 한지를 공납하는 한지 제지소도 여기에 있었어요. 홍범도는 친구에게 들은 얘기를 생각하면서 여러 날 걸어서 마침내 제지소에 이르렀어요. 일거리가 없으면 광부 노릇이라도 할 요량이었으나, 다행히 일자리가 있어서 1888년 여름부터 인부로 일하게 되었습니다.

군에서 도주한 '전과' 때문에 제지소에서 가명을 썼지만 성실히 일했어요. 몇 달 만에 기술을 습득하는 등, 어쩌면 이곳에서 두고두고 안정된 생활을 할 수도 있었을 것입니다. 하지만 운명의 끈은 결코 그를 편안하게 놓아두지 않았습니다.

1년쯤 지난 어느 날 제지소 주인이 홍범도에게 동학 입도를 권유했습니다. 1860년 수운 최제우가 "하늘 아래 만인은 평등하다"라는 기치를 들고 창도한 동학은 부패한 조선 사회에서 급속도로 전파되어 황해도 동북부에까지 세력을 뻗치고 있었습니다.

동학 지역 간부였던 제지소 주인은 홍범도뿐만 아니라 회사 일꾼이나 지역 주민을 상대로 포교 활동을 했습니다. 그런데 그 방식이 강제적이었어요. 제지소 주인의 강제 포교는 반항심 강한 홍범도를 설득하기는커녕 반발심만 키웠습니다. 동학의 기본 교리인 '인시천(人是天, 사람이 하늘이다)'의 원리나, 신분 제도 철폐 등 동학의 사회 개혁 사상에는 관심을 보이지 않고, 알아듣기 어려운 동학 주문을 외우게 하는 등 억압적인 태도로 일관했어요.

홍범도의 출생 신분과 당시 처지로 보아 동학은 그를 매료시키기에 충분한 요소를 갖고 있었습니다. 하지만 그러지 못했습니다. 일터 주인의 강요와 군인 시절 주입되었던 선입관 때문이에요. 당시 군대에서는 동학을 서학(천주교)과 마찬가지로 사교(邪敎)라 하여 탄압했습니다. 동학의 교주인 최제우는 홍범도가 태어나기 2년 전 대구에서 유교를 어지럽힌다는 사도난정(邪道亂正)의 죄목으로 처형되었어요.

주인의 강압은 날이 갈수록 심해졌습니다. 심지어 동학을 믿으면 수개월째 밀린 급여를 주겠다고도 했어요. 홍범도는 당장 밀린 급여를 달라고 요구했습니다. 하지만 제지소 주인은 이를 무시하면서 폭언을 늘어놓고 폭력배를 동원해 쫓아내려고 했습니다. 결국 물리적 충돌까지 빚어지게 됩니다.

홍범도는 더 이상 참을 수 없었습니다. 주인의 태도는 날이 갈수록 포악해지고 밀린 급여가 쌓여만 가는 와중에 여기에 항의하자 온갖 악행을 저질렀습니다. 그러던 중 홍범도와 싸움을 벌이던 주인이 그만 죽고 맙니다. 홍범도는 제지소를 떠나 도망치게

돼요. 3년 동안 상머슴처럼 열심히 종이 만들기에 온 힘을 쏟았지만, 모든 노력이 한순간에 물거품이 되고 말았지요.

군대와 직장에서 두 번씩이나 폭력적인 대우를 받은 거예요. 보통 사람이라면 참고 다닐 수도 있었을 것입니다. 그러나 홍범도는 기질적으로 불의를 보면 참지 못하는 의분심이 강했습니다. 비록 체계적인 교육은 받지 않았으나, 하층민의 생활을 해오면서도 세상의 옳고 그름에 대한 판단력을 갖추고 있었어요. 이후 산포수 활동과 의병, 독립군 투쟁으로 일관했을 때 그의 의분과 정직함, 공정성으로 인하여 따르는 사람이 많았고, 그래서 출중한 독립운동가의 반열에 오를 수 있었을 것입니다.

5 | 금강산 신계사에서 만난 평생 인연

제지소를 뛰쳐나온 홍범도는 신변의 안전을 위해 강원도 쪽으로 몸을 피했습니다. 경기도 이천을 거쳐 평강, 철원, 김화, 회양 등의 산골 마을에서 떠돌이 생활을 했습니다. 한적한 산골 마을을 택해 농사일을 도우면서 생계를 유지하고, 더러는 마을 입구에서 쫓겨나기도 하면서 여러 달 만에 금강산 신계사에 도착했습니다. 쫓기는 몸을 은신하고자 택한 길이었습니다.

신라 법흥왕 때 보운조사가 창건하였다는 신계사는 김유신, 묘청 등이 중건한 사찰로 널리 알려져 있습니다. 홍범도는 신계사의 지담 스님에게 오갈 데 없는 사정을 말해 스승의 대를 이을 승려 중 최고위직인 상좌(上佐) 자리를 허락받습니다. 그런데 실제로는 절간의 잡일을 맡아 하는 행자(行者)였어요. 찬밥 더운밥 가릴 처지가 아니었던 홍범도에게 신계사는 은신과 함께 정신을 수양하고 뒤늦게나마 공부를 할 수 있는 안정된 거처가 되었습니다.

겨우 한글을 깨우치고 있는 홍범도에게 한문투성이의 불교

경전이나 스님들의 설교가 쉽지는 않았습니다. 그러나 좋은 경관과 더불어 경건한 사찰의 분위기는 이제까지 거칠게만 살아온 그에게 모처럼 평온한 안식처가 되었어요. 홍범도 역시 지담 스님의 법문과 설법을 열심히 듣고 마음의 평정을 찾고자 노력했습니다. 그러면서 간단한 한글 편지글을 쓸 수 있게 되었고, 스님의 기초적인 설법도 어느 정도 이해하게 되었습니다.

비승비속(非僧非俗)이란 말이 있지요. 그는 승려도 아니고 속세의 사람도 아닌 처지로 지냈습니다. 입산한 지 1년여가 지난 어느 날 우연히 인근 사찰의 여승을 만나게 됩니다. 단양 이씨라는 젊은 비구니였어요. 부근에 비구니들이 수도하는 작은 사찰이 있었던 것입니다.

두 젊은이는 자신들의 신분도 잊은 채 자주 만나게 되고, 그러다 보니 자연스럽게 연정을 품게 되었어요. 그리고 마침내 승려로서 넘어서는 안 되는 선을 넘기에 이르렀습니다. 단양 이씨의 배가 불러오면서 1892년의 어느 날 둘은 절을 떠났어요. 단양 이씨의 고향인 함경남도 북청으로 가서 농사를 지으면서 조용히 살자는 약조를 하였지요.

2년여 신계사의 생활은 홍범도의 사상 형성에 많은 영향을 끼쳤습니다. 스님과 신도들로부터 임진왜란 당시 이순신 장군을 비롯하여 서산 대사와 사명당 등의 구국 항쟁에 관한 이야기를 듣게 되면서 역사의식에 눈을 뜨고, 나라의 현실에 대해서도 관심을 갖기에 이르렀습니다.

변복을 하고 절을 나온 두 사람은 북청 가는 방향으로 발길을 재촉했습니다. 단양 이씨의 고향으로 가서 혼례를 올리고 농사를 지으면서 살고 싶었어요. 그런데 원산 근처에 이르렀을 때 불의의 사고를 당하고 말았습니다.

　이 사건으로 홍범도는 단양 이씨와 헤어지고 말았습니다. 건달패들이 홍범도를 때려눕히고 단양 이씨를 끌고갔어요. 홍범도가 정신을 차리고 보니 단양 이씨가 사라지고 없었습니다. 불량배들에게 끌려간 것이에요. 임신 사실이 드러나면서 풀려난 단양 이씨는 고생 끝에 북청 고향으로 돌아갔습니다. 곧 아들을 낳게 되고 아비 없는 유복자를 키우며 살았어요. 홍범도에게 단양 이씨는 난생처음으로 느끼게 된 애틋한 사랑이었습니다. 홍범도는 단양 이씨의 행방을 찾아 사방으로 헤매었으나 찾을 길이 없었어요.

　홍범도는 다시 오갈 데가 없는 신세가 되었습니다. 그렇다고 야반도주한 신계사로 다시 돌아갈 수도 없었어요. 혼자가 된 홍범도는 강원도 회양군의 먹패장골이라는 산골 마을에서 숨어 지내게 됩니다.

6 동학 농민 혁명군의 패전 소식이 들려오다

홍범도가 먹패장골에서 숨어 지낼 때 조선 곳곳에서 민란이 일어나고 동학의 교세가 확대되면서 정부의 탄압을 불러와 재산을 빼앗기거나 체포되는 동학교도들이 늘어났습니다. 이에 동학 내부에서는 교조 신원(처형된 교주 최제우의 억울함을 푼다는 뜻)과 포교의 자유를 얻자는 운동이 거세게 전개되었습니다.

1892년 11월 1일 동학교도 수천 명이 운집한 삼례 집회에 이어 1893년 2월 11일에는 동학교도 다수가 서울 광화문에 모였어요. 과거를 보려는 유생으로 가장한 교도들은 경복궁 밖에서 사흘 동안 국왕에게 교조 신원과 선교의 자유를 요구하는 '복합 상소'를 올렸습니다.

복합 상소가 많은 국민의 관심을 끌게 되자 정부는 이들에게 해산하면 요구를 들어주겠다고 회유했어요. 그러나 막상 해산하자 주모자 체포령과 함께 더욱 강력한 동학 금지 명령을 내렸습니다. 정부에 속았다고 판단한 동학교도들은 1893년 3월 11일 충북 보은에서 2만여 명이 참여하는 '보은 집회'를 열었습니다. 이번에는 교조 신원과 포교 자유를 뛰어넘어 "일본과 서양 세력을 물리치자"는 기치를 내걸었어요. 종교 집회에서 정치 집회로 성격이 바뀌고 있었던 것입니다. 같은 시기에 전라도 금구에서는 전봉준의 지도 아래 1만여 명이 별도의 집회를 열고 탐관오리와 외세의 축출을 결의했어요.

1894년 1월 10일 마침내 보국안민(나라를 돕고 백성을 편안히 한다), 척왜척양(일본과 서양을 배척한다)의 기치를 내걸고 동학 농민 혁명이 발발했습니다. 동학군은 전라도 고부 관아를 점령한 데 이어 전주성을 점령하고 '폐정 개혁 12개조'를 공포하면서, 서울 진격을 목표로 삼았어요. 이어 태인, 금구, 부안, 고창 등지의 관청을 차례로 접수하고 고부의 황토현에서는 수천 명의 관군을 격퇴하는 전과를 올렸어요.

정부는 청나라에 지원을 요청합니다. 이에 청군이 출병하고, 일본도 조선에 출병합니다. 그러면서 동학 농민 혁명은 동학 농민 전쟁이 되었습니다. 초기에 연전연승하던 동학군은 충남 공주 지역의 우금치 전투에서 근대적인 훈련과 장비를 갖춘 일본군에게 대패하면서 전세가 기울었어요. 동학군은 전라도로 후퇴하여 재기를 꾀했으나, 11월 순창에서 지도자인 전봉준이 구속되면서 전쟁에서 지고 맙니다. 이 같은 소식을 전해 들은 홍범도는 의분을 느끼고 일본군에 대해 증오심을 갖게 되었어요.

1년에 걸친 동학 농민 전쟁은 수많은 희생자를 낸 채 끝나고 말았지만, 반봉건·반외세를 표방하며 일어난 혁명이었습니다. 대내적으로는 백성들의 근대적인 인식 변화를 불러왔으며, 대외적으로는 청나라와 일본 두 나라의 조선 출병 빌미가 되면서 청일 전쟁의 직접적인 계기가 되었습니다.

정부는 "소 잃고 외양간 고치기" 식으로 뒤늦게나마 갑오개혁을 통해 국정 개혁에 나섰습니다. 하지만 일본군은 쉽게 물러나지 않았어요. 오히려 내정 간섭을 시작하고, 1895년 8월 20일 명성 황후를 살해하기에 이르렀습니다. 같은 해 11월 15일 단행된 단발령은 민심을 들끓게 했어요. 명성 황후 살해와 단발령의 배후가 일본이라는 사실이 알려지면서 마침내 민심이 폭발하여 을미의병이 일어납니다. 의병들은 일본 수비대와 거류민, 악질 관찰사 등을 공격하여 반일 감정을 가진 민중들의 폭넓은 지지를 받았습니다.

홍범도가 사는 먹패장골에서도 국내 각지에서 벌어진 여러 소식이 들렸습니다. 워낙 산중이라 엄청난 소식이라도 한참 지난 뒤에야 전해졌어요. 그는 한때 동학에 관해 대단히 부정적으로 생각했습니다. 그러나 동학교도들이 부패 관리 척결과 신분 타파를 목표로 혁명을 일으키고, 관군과 일본군에 맞서 싸우다 수많은 사람들이 참살당했다는 소식에는 분노를 억누르기 어려웠습니다.

홍범도는 당시 정확한 시국의 흐름이나 사태의 진행은 알기 어려웠지만, 오가는 소식으로 나라 안팎의 사정은 어느 정도 헤아릴 수 있었습니다. 세상에 태어나서 이웃 산모들의 동냥젖을 얻어먹고 자라고, 군대와 제지 공장, 신계사의 상좌 생활에 이르기까지 모두 더부살이로 살아온 세월이었습니다. 세상 돌아가는 이치와 상황을 누구보다도 잘 알게 된 그였어요.

1895년, 먹패장골에서 사냥과 농사를 지으며 3년을 지내는 동안 그는 스물일곱 살이 되었습니다. 훤칠한 키에 날렵한 몸을 지닌, 두려울 것 없는 장부로 성장한 것입니다. 그동안 산골에서 사냥에 종사하며 지내다 보니 명사수가 되었습니다. 마침 시국은 그를 부르고 있었고, 그에게는 3년 전에 헤어진 단양 이씨 외에는 달리 가족도 피붙이도 없었습니다.

그때 홍범도는 우연히 강원도 단발령 고개에서 김수협을 만나 의기투합하는 동지가 되었습니다. 하지만 의병 운동은 의기만으로 되는 일이 아니었지요. 군사가 있어야 하고 무기가 꼭 필요했습니다. 하지만 두 청년은 빈손이었어요.

두 사람은 일단 도회지로 나가서 일본군이 차고 다니는 무기를 빼앗고, 일본군의 앞잡이 노릇을 하는 악질 부자들의 재물을 털어서 군자금으로 쓰기로 작정했습니다. 홍범도는 군인이었기에 무기에 관해서는 어느 정도 알고 있었지요.

동학 농민군이 죽창이나 화승총으로 무장한 데 비해 일본군은 스나이더 소총과 무라타 소총 등 현대식 병기를 썼습니다. 당시 양측의 화력은 대충 잡아 250 대 1의 수준으로 평가되었어요.

두 사람이 장터에 나가니 마침 일본군 200여 명이 하나같이 무라타 소총으로 무장하고 행군하고 있었습니다. 두 사람이 이들을 당해 낼 재간이 없지요. 궁리 끝에 지형지물을 이용하는 방안을 마련했습니다. 그리고 산포수를 통해 낡은 화승총도 구했습니다. 강원도와 함경도의 연결 관문인 철령 고개가 일본군이 지나가는 길목이라는 사실을 알아내고 여기에 매복했어요. 그러나 겨우 2명이 화승총으로 200명을 상대한다는 계획은 만용일 뿐이었

습니다.

    이들을 그냥 보내고 난 다음 날 기회가 왔습니다. 일본군 10여 명이 다시 이 고갯길로 들어온 것입니다. 두 사람은 지형지물을 이용하여 집중 사격을 퍼부었어요. 화승총은 임진왜란 때 일본을 거쳐 우리나라에 들어온 병기로 노끈에 불을 붙여 탄환을 발사하는데, 비 올 때나 습기가 많을 때는 성능이 좋지 않았고 조준하기가 어려웠습니다. 또 발사 간격이 커서 근접 사용이 쉽지 않은 단점이 있지요. 그럼에도 두 사람은 화승총으로 일본군 10여 명을 섬멸하는 솜씨를 보였습니다.

홍범도가 의병을 시작할 즈음에 전국 여러 지역에서 의병 운동이 들불처럼 일어나고 있었습니다. 춘천의 이소응, 강릉의 민용호, 제천의 류인석·이춘영·안승우, 홍주의 김복한·이설, 남한산성·안성의 김하락, 문경의 이강년, 안동의 김세연·김도화, 영양의 김도현, 진주의 노응규, 금산의 이은찬·허위 등이 앞서거니 뒤서거니 하면서 의병을 조직하여 일본군과 싸웠어요. 제1차 의병 전쟁입니다.

홍범도는 김수협과 함께 의병 전쟁에 나서 10여 명의 일본군을 사살하고 다량의 무기와 전리품을 빼앗았습니다. 그리고 무엇보다 자신감을 얻게 되었어요. 일본군의 추격을 피해 강원도 안변군 소재 학포에 머물면서 의병 모집에 착수했습니다. 여기서 산포수와 농민 출신 14명을 모집하여 의병대를 편성하고, 안변 석왕사로 들어가 본격적인 의병전을 준비합니다. 원산에서 서울로 가는 길목이어서 일본 상인들의 왕래가 잦고, 이들을 보호하려 일본군이 자주 출몰하고 있다는 정보도 있어서 택한 곳입니다. 일찍이 이성계가 무학 대사를 만나 고려 정복을 도모했다는 전설이 전하는 유서 깊은 사찰이었지요.

홍범도가 조직한 최초의 의병 부대는 화승총과 철령 전투에서 빼앗은 무라타 소총으로 무장했습니다. 산포수 출신은 어느 정도 무기를 다룰 줄 알았지만, 농부 출신들은 그러지 못했어요. 이들에게 총기 다루는 법과 사격술을 가르치면서 기회를 엿보고 있었습니다. 그러던 중 한때 충주성을 점령하는 등 기세를 올렸던 제천 사람이자 명망 높은 학자 출신 의병장 류인석 부대가 인근에서 의병을 모집한다는 소식을 듣게 되었어요.

홍범도는 류인석을 찾아가 그의 인품을 보고 곧 합류했습니다. 소규모 병력으로는 강력한 일본군과 대적하기가 쉽지 않았던 것도 합류 이유였지요. 그러나 이후 몇 차례 치른 전투의 결과는 신통치 않았습니다.

7 열강의 이권 침탈로 만신창이가 된 우리나라

홍범도는 류인석 의병 부대에 합류했다가 몇 차례에 걸친 전투에서 연패한 뒤 최초의 동지 김수협을 아깝게 잃었습니다. 다시 홀로된 홍범도는 일본군의 추격과 밀정의 눈길을 피해 황해도 연풍군에 있는 금광에 일꾼으로 숨어들게 됩니다. 우선 몸을 숨겼다가 차차 재기하려는 계획이었어요.

청일 전쟁에서 승리한 일본군은 더욱 기세등등하여 조선의 산야를 누비면서 항일 의병을 섬멸하고자 이 잡듯이 뒤졌습니다. 홍범도의 명성이 조금씩 알려지던 터라 일본군은 그의 행방을 쫓았어요. 홍범도는 가명을 쓰고 금광의 인부로 들어갔지만 은신 생활도 오래가지 못했어요. 밀정이 일본군에게 고발하는 바람에 자신을 쫓는 일본군에 포위되었다가 요행히 빠져나왔습니다.

감춰 뒀던 무기를 챙겨 밤중에 도주하여 박말령이라는 영마루에 도착하여 풀숲에 숨어서 숨을 죽이고 있는데, 일본군 셋이 나타나서 사방을 유심히 살폈습니다. 그들은 홍범도를 잡으러 금

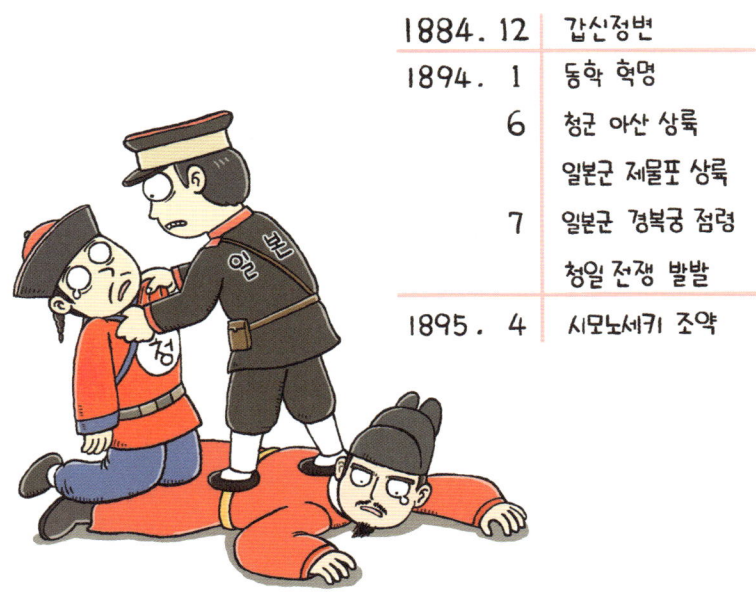

점에 갔다가 원산으로 향하던 길이었어요. 홍범도는 그들이 먼저 손을 쓰기 전에 총을 쏘았습니다.

    일본군 3명을 처단한 홍범도는 밤길을 걸어 함경남도 덕원의 무달사라는 사찰에 이르렀습니다. 여기서 며칠 쉬는 동안 정성준이라는 자가 일본군 정탐이란 사실을 알고 이 자를 처단했어요. 정성준은 거액의 일본 돈을 갖고 있었습니다. 홍범도는 이 돈이 밀정 노릇의 대가라고 판단, 군자금으로 압수하여 의병들의 필수품을 구입하는 데 요긴하게 썼습니다. 그리고 산포수와 의병 출신 10여 명을 규합하여 소규모 의병 부대를 편성한 뒤 평안남도 양덕으로 들어갔습니다. 본격적인 의병 전쟁을 하려면 군사 훈련과 전술 전략이 필요하다는 판단에서 이 시기를 준비 기간으로 삼았습니다. 홍범도가 평안남도와 황해도 접경 지역에서 산포수 생활을 하며 의병 투쟁을 하고 있을 즈음 조선은 열강의 이권 침탈로 만신창이가 되어 갔습니다.

1876년 개항 이후부터 국제 열강들은 무력을 앞세운 불평등 조약으로 조선의 경제 주권을 침탈했습니다. 정부 대신들이 외세의 앞잡이가 되어 국가의 소중한 자산을 외국에 넘기는 사례도 적지 않았어요.

특히 전국의 주요 금광 채굴권이 속속 외국인에게 넘어갔습니다. 충남 직산 금광 채굴권은 일본, 평북 운산 금광 채굴권은 미국, 함북 경원·종성 금광 채굴권은 러시아, 평남 은산 금광 채굴권은 영국, 평북 창성 금광 채굴권은 프랑스, 강원도 금성 당현 금광 채굴권은 독일에 각각 넘어갔어요. 이 밖에도 경부철도 부설권, 연해 어업권, 인삼 독점 수출권, 경인철도 부설권, 압록강 유역·울릉도 삼림 채벌권 등이 송두리째 외국인 손에 넘겨졌습니다.

8. 포수로 살며 평범한 가정을 꾸리다

산포수 생활을 하며 지내던 홍범도는 삼수갑산 지역에서는 "범 잡는 포수 홍범도"로 소문이 날 만큼 유명해졌습니다. 또 잡은 고기를 산골 사람들에게 인심 좋게 골고루 나눠 주고, 농작물을 해치는 산짐승을 처치해 달라는 주민들의 부탁을 들어주곤 했어요.

그러던 1897년 어느 날 북청 삼거리 근방에 살며 포수 노릇을 하는 이문협이라는 사람이 말하기를 자기 마을에 단양 이씨 성을 가진 늙은 부부가 사는데, 그 집에 아들은 없고 외동딸 하나가 있는데 착실하기 그지없다고 합니다. 다만 청상과부로 지내며 누가 개가하라고 말하면 남편이 몇 해 전 원산서 불한당에게 잡혀가서 죽은 듯하다며 유복자인 아들을 데리고서 정절하겠다고 한다는 것입니다.

듣기에 어김없는 옛 연인 단양 이씨였습니다. 홍범도는 한달음에 달려가 그와 해후하고, 그 사이에 양순이라는 이름을 얻고 예닐곱 살의 소년이 된 아들을 만났습니다. 불량배들에게 끌려갔던 단양 이씨는 고향으로 돌아와 친정에서 살고 있었어요. 또한 어려서 "중이 되지 않으면 부모가 오래 살지 못하고 자기는 범한테 물려 죽는다"는 무당과 비구니의 말에 속아서 중이 되었다는 사연까지 듣게 되었습니다.

꿈에도 그리던 연인을 만나고 아들까지 얻게 된 홍범도는 모처럼 행복한 나날을 보낼 수 있었습니다. 장인, 장모를 모시면서 농사를 짓고 틈틈이 사냥을 하면서 오붓한 가정을 꾸렸습니다. 그의 가난하고 고생스러운 생애에서 이 7~8년 기간이 가장 안정되고 행복했던 시기가 아니었을까 싶습니다.

홍범도가 북청에서 충실한 가장 노릇을 하고 있을 때, 일제는 조선을 병탄하고자 더욱 치밀하게 공략하고 있었습니다. 1902년 1월 영국과 동맹을 체결하여 청나라에서 영국의 이익과 조선에서 일본의 이익을 서로 옹호하기로 약조합니다. 2년 뒤인 1904년 2월 8일 일본 함대가 여순항에 주둔 중인 러시아 함대를 기습 공격하여 러일 전쟁을 일으킵니다.

2월 23일에는 일본군이 서울에 진주한 상황에서 강제로 한일의정서를 체결했어요. 일본군의 조선 내 전략 요충지 수용과 군사상 편의 제공을 내용으로 하는 조약이었습니다. 이를 빌미로 일

제는 조선의 광대한 전략 요충지를 군용지로 수용했으며, 각종 철도 부설권도 가로챘습니다.

또 이 조약을 근거로 체결된 한일 협약은 일본이 추천한 재정·외교 고문의 동의 없이는 외국과 재정, 외교상의 일을 처리할 수 없도록 하여 대한제국의 재정·외교권을 빼앗았습니다. 재정·외교권 이외의 정부 각부에도 고문을 두도록 강요하여 한국의 내정 전반에 일본이 간섭하는 이른바 '고문 정치'가 시작되었어요.

2 의병 전쟁에서 독립 전쟁으로

9 산포수 의병 부대를 조직하다

함경도 관북 지방의 험준한 산악 지대에서 식량이 부족하여 산짐승을 잡으며 생계를 유지하던 산포수들은 일제의 침략에 맞서 의병 부대를 조직하고 조국 독립을 위하여 처절하게 싸웠습니다. 당시 대표적인 인물이 홍범도였어요.

일제는 1907년 7월 헤이그 특사 파견을 트집 잡아 고종을 강제로 폐위시키고 한일 신협약을 맺게 한 데 이어서 군대를 해산시키고 9월에는 '총포 및 화약류 단속법'을 공포했습니다. 한 해 전부터 전국 각지에서 항일 의병이 거세게 봉기하자 이를 막으려는 조치였어요. 이는 우리 의병 투쟁에 결정적인 타격을 주었으며 한편으로는 홍범도가 본격적인 산포수 의병 부대를 조직하는 계기가 되었습니다.

일제는 한국을 빼앗는 과정에서 '총포 화약류' 일체를 압수하여 한국인들이 산짐승 한 마리도 잡을 수 없게 했어요. 군대 해산에 이은 한국인의 완전한 '무장 해제'였습니다. 11월 말까지 약

2개월에 걸쳐 전국에서 민간인 소유 무기의 압수 소동이 벌어졌으며, 자료에 의하면 이때 9만 9747점의 무기와 36만 4377근의 화약 및 탄약류가 압수되었다고 합니다.

총포 화약류 단속법은 함경도 지역 산포수들에게도 어김없이 적용되었어요. 산짐승 사냥이 생업인 사람에게서 총포를 빼앗는 것은 곧 생업 박탈을 의미했습니다. 산포수들은 격렬하게 저항했지요.

당시 홍범도는 산포수들과 지역 주민들로부터 신망을 얻고 있었어요. 북청·삼수·갑산·장진 등 산악 지대에는 호랑이·곰·멧돼지·표범 등 맹수가 많이 서식하고 있어서 혼자서 수렵하지 않고 몇 명씩 협동하여 사냥에 나섰어요. 홍범도가 살고 있던 북청군 안산사에도 직업 포수들의 '포연대'가 조직되고, 홍범도는 여기에 가입했어요.

홍범도는 탁월한 사냥 솜씨와 백발백중의 사격술 그리고 사냥 성과물에 대한 공정한 분배, 지방 관리들에게 바치는 포획물의 적정선 유지 등으로 동료들의 신망을 얻었습니다. 얼마 후에는 안산사 포연대의 대장으로 뽑히게 되었어요.

산포수들은 지방 관리들에게 애써 사냥한 호랑이 가죽이나 사향·녹용 등 값나가는 것들을 빼앗기는 경우가 많았습니다. 홍범도는 그동안 군대와 외지 생활에서 얻은 언변과 논리로 관리들을 상대하여 포수들의 이익을 지켜 냈어요.

당시 산포수들을 수탈하는 무리가 또 있었습니다. 일제 통감부의 뒷배를 믿고 날뛰기 시작한 일진회 회원들이 산간 오지까지 침투하여 사냥 노획물을 빼앗아 갔습니다. 심지어 일선 관리 중에도 일진회에 가입하여 백성들을 등치는 자도 있었습니다. 산포수들은 지방 관리와 일진회 회원들에게 이중으로 시달렸습니다.

홍범도와 산포수들은 일제가 지방 관리들과 일진회 회원들을 동원하여 총포 화약류의 압류에 나서자 이를 완강하게 거부합니다. 홍범도는 자신을 따르는 산포수들에게 총을 제출하지 말라고 했고, 포수들은 이에 따랐어요. 그리고 이를 계기로 산포수 의병 부대를 조직합니다.

10 유격전으로 일본군을 격파하다

홍범도는 산포수 의병 부대를 실질적으로 이끌게 되었습니다. 군대 경력과 오랜 포수 생활, 산세와 지리에 밝은 점을 십분 활용한 유격 전술은 적을 무찌르는 데 큰 도움이 되었지요. 홍범도 의병 부대와 일본 수비대·경찰의 첫 전투는 1907년 11월 북청 후치령에서 벌어졌습니다. 홍범도 의병 부대는 일제 수비대와 경찰을 괴멸시켰으며, 적의 수비대원과 통역도 체포했습니다. 이어 갑산에서 혜산진으로 우편 마차를 호위하던 일본군 북청수비대를 공격하여 섬멸하는 큰 전과를 올렸습니다.

일제는 1907년 10월 '한국 주차 헌병에 관한 건'을 공포하여 일본 헌병의 경찰권을 강화하고 병력을 증가시키는 한편, 일진회를 조종하여 각지에 자위단을 파견하는 등 의병 진압에 미쳐 날뛰었습니다. 12월에는 국내의 의병 부대가 '13도 창의군'을 조직하여 이듬해 초 서울 진공 작전을 개시했으나 일본군의 선제공격으로 패배했어요.

홍범도는 300~350명 정도의 의병을 이끌고 유격전을 벌여 일본군을 연파했어요. 일제는 북청수비대의 병력을 증가시키는 한편 동북수비대 관구 사령관을 주축으로 육군 50연대 제3대대장을 이른바 '토벌대 지휘관'으로 임명하고 대대적인 공격에 나섰습니다.

홍범도의 의병 부대는 일본 토벌대를 유인, 1907년 12월 31일 중평장에 도착하자 일부는 토벌대와 싸우고, 한편으로는 후퇴하는 척하면서 그들을 삼수 방면으로 유인했어요. 삼수의 산악 지대는 전략 전술상 유리한 천연적 요새로 여기에는 미리 차도선의 의병 부대가 매복하고 있었습니다. 함정이라는 것을 깨닫지 못하고 승리감에 취해 있던 일본군은 우리 의병 부대의 기습을 받아 큰 피해를 입고 혜산진으로 도주했습니다.

산포수들로 구성된 홍범도 의병 부대는 강인한 체력과 기동성을 갖추고 있었어요. 그러나 이들이 가진 무기는 대부분 화승총이었습니다. 화승총은 사정거리가 20여 걸음 안팎에 그치고, 그나마 4명이 조를 이루어 사격해야 하는 어려움이 있었어요. 간혹 일본 군경으로부터 모리타 소총 등을 빼앗았지만 그 수가 많지 않았습니다.

홍범도의 산포수 의병은 1908년 1월 10일 갑산읍을 기습했습니다. 일본 갑산수비대 주력이 삼수 방면으로 출동 중인 틈을 타 기습 작전을 벌였던 것이지요. 홍범도의 의병 부대는 수비대, 주재소, 우편 취급소 등 일제의 침략 기관들을 차례로 공격한 뒤 신속하게 갑산에서 퇴각했어요. 갑산 전투의 승리 역시 삼수 전투

때와 마찬가지로 탁월한 기동력을 바탕으로 한 기습 작전으로 거둔 완벽한 승리였습니다. 홍범도는 일기에 이날의 전투에서 일본군 109명을 사살하고 38명을 부상시키는 등 큰 전과를 거두었다고 썼습니다. 산포수 의병 부대는 일본군만 사살한 것이 아니었어요. 일제의 앞잡이 노릇을 하는 지역 일진회 회원들도 척살했습니다.

11. 잔악한 일제의 회유와 가족의 죽음

일제는 의병 진압에 연패하고 희생자가 많아지자 전략을 바꾸었습니다. 의병의 귀순·회유 공작을 시도한 것입니다. 의병 가족을 인질로 삼아 회유하거나 금품을 내걸고 귀순을 강요했어요. 의병들 역시 장기간의 전투와 이동으로 체력 소모는 물론 식량과 의복, 무기가 열악하여 사기도 저하되고 있었습니다. 일제가 이런 점을 노린 것입니다.

1908년 3월 일제는 홍범도 부인을 납치하여 남편의 귀순을 강요합니다. 하지만 성과를 거두지 못했어요. 온갖 고문을 가해도 말을 듣지 않았습니다. 결국 홍범도 부인은 고문 끝에 죽음에 이르렀습니다. 그러자 이번에는 아들을 이용해 회유하고자 했습니다. 홍범도는 역시 투항할 인물이 아니었지요. 홍범도를 귀순시키려고 여러 공작을 전개했지만 뜻을 이루지 못합니다.

함경도 일대 산포수 의병의 총수로 자리 잡은 홍범도는 개마고원을 주요 무대로 삼아 북청·갑산·장진 일대를 넘나들며 일본군과 치열하게 싸웠습니다. 1908년 중반기 무렵 그의 휘하에는 400~600명의 의병이 활동하고 있었어요. 험준한 산악 지대로 대부대의 이동이나 게릴라식 전투가 어려울 때는 부대를 반으로 나누어 원기풍·최학선 등에 지도를 맡겼습니다. 이 무렵 장진 일대에서 활동하던 송상봉 의병장이 40여 명의 의병을 이끌고 홍범도 휘하로 합류하여 한때 움츠렸던 의병들의 사기가 다시 진작되었습니다. 또한 함흥 부근의 천보산에서 540여 명의 의병을 이끌고 항일전을 전개하고 있던 노희태 의병과 회동하여 연합 전선을 구축했어요. 일제 군경의 탄압이 강화되면서 이루어진 연합 전선이었습니다.

홍범도는 1908년 6월 12일 정평의 한대골에서 노희태 의병 부대와 합동 작전으로 일제 함흥수비대와 격전을 벌였습니다. 이날 전투에서 적 수십 명을 살상하는 전과를 올렸으나 의병도 여섯 명이 전사했어요. 그중에는 홍범도의 장남 양순도 있었습니다. 홍양순은 의병 부대 중대장으로서 적과 싸우다가 순국합니다. 그 전에 일본군에 인질로 잡혔다가 탈출, 다시 의병이 되어 싸우다가 전사한 것입니다. 불과 몇 달 사이에 아내와 아들을 잃은 것입니다. 하지만 의병 대장으로서 사적인 슬픔에 빠져 있을 수는 없었

어요. 오히려 위로하는 의병들을 격려하면서 다시 의병 부대를 이끌었습니다.

의병전이 장기화되고 일제의 추적이 강화되면서 의병 내부에서 불만이 터져 나왔습니다. 그럴 때면 홍범도는 임진왜란 때의 의병들 이야기를 하면서 부하들을 설득했어요. 당시 의병들이 아니었으면 나라가 일본에 빼앗겼을 것임을 설명하면서 분발을 당부했습니다.

홍범도는 국내에서의 의병전이 한계에 이르렀음을 느끼고 국경을 넘기로 작정했습니다. 장기전을 위한 결단이었어요.

12 치열했던 항일전 성과

홍범도가 1895년(스물일곱 살)부터 1908년(마흔 살)까지 벌인 13년간의 치열한 항일전은 누구도 해내기 어려운 투쟁이었어요. 이 과정에서 그는 아내 단양 이씨를 일제의 고문으로 잃게 되고, 큰아들이 전사하였습니다. 그리고 어느덧 마흔 살의 장년에 이르렀습니다. 그는 관북 지역 산포수 의병의 지도자가 되어 국경을 넘게 되었습니다. 특히 그가 치른 1907~1908년 2년간의 전투는 우리 의병 투쟁에서 괄목할 만한 성과를 이루어냈습니다.

성균관대학교 동아시아역사연구소 장세윤 박사가 정리한 연보를 토대로 홍범도의 초기 의병전 실황을 살펴봅니다.

1904년 9월 8일(음력)		러일 전쟁 시기, 함흥 등지에서 항일전 참가.
1905~1907년		북청 안산사 포계의 사냥꾼 협동조합 가입, 이후 포계 지도자로 추대.
1907년	**11월 15일**	북평 안평사 엄방동에서 산포수 70여 명으로 의병 부대 조직, 항일 투쟁.
	11년 22일	후치령에서 일본군 공격, 일본군 2명, 순사 1명 사살, 화승총 73자루 회수, 같은 날 우편 마차 호위병 2명 등 사살.
	11년 25일	후치령에서 일본군 70여 명과 전투, 30여 명 사살, 의병도 5명 전사.
	12월 15일	북청 장항리에서 일본군 습격, 2명 살상, 무기 등 노획.
	12월 29일	삼수성 점령, 무기 다량 노획, 일제 주구 삼수부사 등 처형, 삼수 순사 주재소 소각.

2. 의병 전쟁에서 독립 전쟁으로

	12월 31일	일본군 삼수성 공격을 격퇴, 의병 14명 사상.
1908년	1월 10일	함남 정평 의병과 합세하여 갑산읍 공격, 일본군 수비대와 경찰관 주재소 공격, 다수 일본인 처단, 우체국 청사 소각.
	1월 12일	갑산군 상남사에서 악질 일진회원 등 48명 처단.
	1월 23일	일진회원 출신 촌장 등 일진회원 다수 응징.
	2월 12일	혜산진 경찰서 습격, 순사 등 처단.
	2월 21일	갑산군 읍사 세동에서 일본 군경 합동 토벌대와 교전, 패퇴시키고 일본군 다수 살상, 소총 3정 노획.
	3월 중순	아내 단양 이씨와 두 아들이 일제의 사주를 받은 제3순사대에 의해 홍범도의 귀순 공작 인질로 붙잡혔고, 단양 이씨는 일제의 고문으로 사망.
	5월 2일	함경남도와 평안북도 사이의 구름물령에서 일본군 32명 사살, 소총 등 30정 노획.
	5월 4일	갑산 도하리에서 '귀순'을 권유하러 온 일제의 주구 김원흥 등 처단.
	5월 28일	갑산군 쾌탁리에서 일본 기병대 16명 사살, 말 5필 노획.
	6월 2일	장진 두꺼비 바위골에서 일본군 16명 사살, 의병 5명 전사.
	6월 6일	함흥 초리장 유채골의 악질 부호 박 면장 집 기습, 다량의 일본 돈 압수.
	6월 10일	북청 통쾌장골에서 적 30여 명 사살, 군수품 노획.

6월 12일	노희태 의병 부대와 연합. 함흥수비대 섬별적 타격. 홍범도의 장남 양순 사망.
6월 중순	갑산 강평에서 적 3명 사살, 의병 8명 전사.
6월 말	장진 연화산에서 의병 회의 소집, 전사 의병 가족 지원, 의병 부대 분산.
7월 초	장진 달아치 금광 습격, 일본군 6명 처단, 군자금으로 금괴 다수 노획.
7월 6일	안중근이 이끄는 의병 부대와 함경북도 경흥에서 연합 작전 시도했으나 일본군의 방해로 무산.
7월 21일	북청에서 함흥수비대와 격전, 적 16명 사살, 소총 등 노획.
9월 20일	함흥 북방 천평리에서 함흥수비대 장교 등 13명 퇴치.
10월 중순	단천에서 우포 헌병 분견소 공격.
11월 2일	항전이 어려워지자 40여 명 의병 이끌고 중국 지린성의 통화 지역으로 이동.

13 동지들과 함께 압록강을 건너다

홍범도는 1908년 11월 열두 살짜리 둘째 아들 용환과 러시아어 통역 김창옥, 의병장 권감찰 등 4명과 함께 압록강을 건넜습니다. 따르던 의병들은 뒷날을 기약하면서 국내로 돌려보냈어요. 그동안 생사고락을 같이해 온 동지들을 보내는 심경은 비통했지만 어쩔 수 없는 형편이었습니다. 무엇보다 의병들은 피로가 쌓이고 무기와 탄약이 떨어져 전투를 하기가 어려웠습니다.

일제는 평안도와 황해도 지역 곳곳에서 산포수 의병 부대의 항일전이 줄기차게 전개되자 대대적인 섬멸 작전에 나섰어요. 홍범도 부대가 주요 목표가 되었습니다. 이 같은 상황에서 홍범도는 부하들을 돌려보내고 국경을 넘게 되었습니다. 만주의 간도 지역에는 1910년 일제에게 나라를 빼앗기기 이전에 이미 많은 항일 운동가들이 이주하여 활동하고 있었어요. 두만강과 압록강을 사이에 두고 있어 한국과 매우 가깝다는 지리적 이점과 다수의 한인이 거주하고 일제의 압력이 국내보다는 덜할 것이라는 이유 때문입니다.

    간도 지역은 역사적으로 우리 민족과는 각별한 인연이 있어요. 간도는 원래 읍루·옥저의 옛터로 고대사에서는 우리 민족의 활동 무대였습니다. 고구려와 발해의 영토로서 한민족의 기상이 가장 강하게 발휘할 때 그 중심지였습니다. 여진족이 이 땅을 차지해 살면서 자주 변방을 침범하자 고려 때에는 윤관이, 조선 때

에는 김종서가 이들을 정벌하였지요. 조선 시대 세종 대왕은 이 지역에 6진을 두었고, 여진족은 조선에 조공을 바쳤습니다.

17세기 여진족이 청나라를 세우고 대륙을 통치하면서부터는 자기들 조상의 발상지인 만주를 보호한다는 이유로 중국 한족의 이주를 엄격하게 금지하는 봉금령을 실시하면서 여진족의 독무대가 되었습니다.

그런데 산둥 지방의 중국 한족과 조선의 유민들이 많이 잠입하여 대립, 분쟁을 일으키자 청나라는 1712년 양국의 불분명한 땅을 조사하기 위해 관리를 보내 국경 실사를 명했습니다. 조선과 청나라 관리들은 정계비를 세우는 등 영토의 경계를 정했으나, 양국이 비문 해석을 달리하면서 분쟁의 불씨가 되었어요.

청나라의 약세를 틈탄 러시아가 간도를 점령하자 대한제국은 간도에서 포병을 양성하고 조세를 걷으며 간도의 소유권을 관철해 나갔습니다. 러일 전쟁에서 일본이 승리하고 을사늑약이 체결되자 간도 문제는 청일 사이의 외교 문제로 변했습니다. 일제는 처음 통감부 출장소를 간도 지역의 용정촌에 설치하는 등 한국 영토로 인정했으나 곧 야욕을 드러냅니다.

홍범도가 국경을 넘어 간도 지역으로 활동 무대를 옮긴 직후 일제는 청국과 이른바 간도 협약(1909년 9월)을 맺었습니다. 일제는 남만 철도의 부설권을 얻는 대가로 간도를 제멋대로 청나라에 넘겨주는 협약을 체결한 것입니다.

의병 투쟁에는 산간 지역 주민들의 협력이 필수적입니다. 활동 필수품을 이들에게 의존할 수밖에 없고, 대원의 충원도 이들의 참여로 가능하기 때문입니다. 그래서 의병과 주민은 '물고기와 물'의 관계로 비유됩니다.

하지만 날이 갈수록 간도 지역의 의병전은 국내와 별반 다르지 않게 변했습니다. 곳곳에 밀정이 박혀 있고, 흉작으로 곡물의 생산량이 줄거나 혹한기에는 생계가 어려울 때가 많았기 때문입니다.

14 연해주에서 만난 안중근

일제의 의병 추적은 잠시도 멈추지 않았습니다. 경찰·헌병 등은 정보원과 밀정들을 풀어서 뒤를 쫓았어요. 홍범도는 연해주로 가서 그곳의 의병 부대와 힘을 합쳐 재기하고자 발길을 동북쪽으로 돌렸습니다.

홍범도 일행은 굶주림을 참아가며 북만주 지방을 걸어서 천신만고 끝에 만주 한인촌에 도착했어요. 거기에서 며칠 묵은 뒤 동포들의 도움으로 기차를 타고 러시아의 소왕영(우수리스크)에 도착했어요. 그리고 마침내 일행은 연해주 민족 운동의 중심지라고 할 수 있는 블라디보스토크에 도착합니다. 동포들이 '해삼위'라고 부르던 블라디보스토크에서 한 달간 있으며 그곳의 실정을 파악합니다.

홍범도가 연해주로 건너온 이유는 그곳에서 무기와 탄약을 구입하고, 또 연해주 지역의 의병 부대와 연대하기 위해서였습니다. 하지만 블라디보스토크의 상황 역시 만만치가 않았어요.

1908년 7월 안중근이 이끄는 의병 부대가 국내 진입 작전을 전개하다가 실패하면서 의병 항쟁을 무모한 것으로 여겨 이 지역의 유력자들이 경제적 지원을 중단한 상태였습니다.

여기에 러시아 정부까지 적대적으로 나왔습니다. 러시아 측은 한인 의병 부대의 연락 사무소를 수색하여 총기를 압수하고 해산을 명령했어요. 1904~1905년 러일 전쟁에서 패한 러시아는 일본이 남만주에 진출하고, 조선에 대한 독점적 지배가 인정되는 분위기 속에서 일본을 자극하는 행동을 자제하고 있었어요. 한인 의병을 적대적으로 대한 데는 이 같은 배경이 있었습니다.

홍범도로서는 난감한 일이 아닐 수 없었습니다. 큰 뜻을 품고 먼 길을 헤쳐 왔는데 블라디보스토크 상황이 간도 지역보다 더 어려워진 것입니다. 홍범도는 1909년 2월 초순 의병장 이범윤을 찾아갔습니다. 함께 협력하여 의병 운동을 재개하려는 뜻이었어요. 그러나 의병 전쟁 방법론에서 의견이 달랐습니다.

이 무렵 홍범도는 안중근을 만났습니다. 이토 히로부미를 처단하기 전입니다. 서로 격려의 인사를 나누었어요. 얼마 후 안중근의 거사가 일어났습니다. 이토 히로부미를 총살한 1909년 10·26 의거는 간도는 물론 러시아 지역 의병 운동에도 일대 전기

를 마련해 주었습니다. 그동안 침체해 있던 독립운동가들에게 새로운 희망과 용기를 불러일으켰어요.

안중근 의거는 러시아령에서 의병 전쟁이 차단된 상태에서 전개된 의열 투쟁이었습니다. 이것이 의병 운동의 새로운 계기가 되었습니다.

15 본격적인 독립 전쟁을 준비하다

홍범도에게 이제까지 항일전의 양상이 의병 전쟁이었다면 앞으로의 전투는 독립 전쟁입니다. 의병전은 게릴라식 전투가 불가피했어요. 그러다가 본격적인 독립 전쟁으로 성격이 바뀝니다.

홍범도는 중국 흑룡강성 봉밀산을 근거지로 삼아 농사일과 수렵 그리고 군사 훈련을 하면서 보내다가 1917년 11월 초 봉밀산보다 한국과 가까운 러시아령 추풍 당어재골로 근거지를 옮겼어요. 그동안 정세의 변화도 있었습니다. 1917년 10월에 러시아 혁명이 발발했어요. 러시아 황제와 그의 가족들은 처형되고, 레닌을 중심으로 하는 사회주의 세력이 권력을 장악하기에 이르렀습니다.

러시아 혁명은 제국주의 열강의 식민 통치에 신음하고 있는 각국의 독립운동가들에게는 구원의 메시아처럼 받아들여졌어요. 1920년 7월 모스크바에서 열린 제2차 코민테른 대회에서 레닌은 피압박 약소 민족의 해방 투쟁에 대한 지원을 약속했습니다. 이렇

게 레닌 정부가 식민지 해방 투쟁을 지원하게 되면서 한국의 독립운동 진영에도 큰 영향을 미치게 되었어요. 홍범도는 당장 항일 전쟁을 준비하려면 간도보다 러시아 지역으로 근거지를 옮기는

편이 낫겠다고 판단했습니다. 하지만 당시 러시아에는 복잡한 상황이 전개되고 있었습니다.

1917년 러시아 10월 혁명이 일어나 소비에트 정권이 성립되면서 연해주에서는 소비에트 정권 지지파(적위파)와 반대파(백위파) 사이에 내전이 벌어지고 또 1918년 8월 혁명을 저지하려고 일본군이 침입하면서 매우 복잡한 정세가 조성되었습니다.

홍범도는 러시아령과 만주 지역을 오가면서 군사를 모집하고 무기 구입에 나섰습니다. 러시아령 지역이 정치적 혼란기여서 오히려 이런 일을 도모하기에 수월한 측면도 있었어요. 정치적 혼란기를 역이용한 것입니다.

16 독립운동에 불어온 3·1 혁명의 바람

국내에서 1919년 3·1 혁명이 일어나면서 러시아 지역에서도 한인 사회 곳곳에서 만세 시위가 일어났습니다. 3월 17일 연해주의 블라디보스토크에서는 러시아 지역, 북간도, 서간도, 국내 지역 독립운동 단체들을 대표하는 80여 명이 참가하여 '대한국민의회'를 결성합니다.

대한국민의회의 간부에는 회장 문창범, 부회장 김철훈과 김알렉산드라, 서기 오창판, 외교부장 최재형, 선전부장 이동휘, 재정부장 한명세가 각각 선임되었어요. 홍범도는 이동휘가 부장을 맡은 선전부에서 활동했어요. 선전부는 얼마 후 군무부로 명칭을 바꾸고, 홍범도의 근거지였던 당어재골에 대한국민의회 군무부 본부를 설치합니다.

대한국민의회는 독립운동 방략을 3단계로 나누어 수립했어요. 제1단계는 독립 선언서 발표와 가두시위 등의 평화적 시위 운동, 제2단계는 한인 무장 세력에 의한 국내 진입의 무장 전쟁, 제3

이 동휘 (1873-1935)   홍 범도 (1868-1943)

단계는 파리 강화 회의를 통한 외교 활동이었습니다. 그러나 대한국민의회의 활동은 곧 러시아 정부의 제지를 받게 되었어요. 일본의 비호를 받고 있던 백위파 옴스크 정부가 해산 명령을 내린 것입니다.

대한국민의회에서 이동휘와 함께 군무부의 책임을 맡게 된 홍범도는 이를 대한독립군을 창설하는 계기로 삼았습니다. 러시아 10월 혁명 과정에서 한인들은 일본군이 지원하는 10월 혁명 반대 세력인 백위파를 적대하고 적위파를 적극 지원했어요.

이동휘가 1918년 3월 하바롭스크에서 '조선인 정치 망명자 회의'를 주최할 때 홍범도는 여기에 적극 참여했어요. 참석자 중에는 양기탁(남만주 독립단), 이동녕(남만주 한족회 대표), 유동열(북경), 김규면(훈춘), 김하구(《한인신보》 주필), 고성삼(치타 국민회), 이원해·한자문(흑하 지방), 이인섭·김용환·심백원·오성묵(홈스크), 장기영·최태열 등(수청 사범학교), 박애·이한영·김종·임호(하바롭스크 지역) 등과 안정근·조성환·오하묵 등 러시아, 중국의 주요한 한인 혁명가들이 다수 참여했습니다.

이후 홍범도는 이동휘와 항일 전쟁을 함께하는 기회가 더욱 많아졌습니다. 이동휘의 무력 양성론과 홍범도의 무장 전쟁론은 맥이 통하면서 상호 협력 관계가 긴밀하게 유지되었어요.

3 봉오동 전투와 항일 무장 항쟁

17 대한독립군을 창설하다

홍범도는 대한국민의회 및 만주·연해주 동포들의 후원으로 1919년 연해주 지방에서 대한독립군이라는 무장 조직을 출범시켰습니다. 당시 대한국민의회 군무부 병력과 장비, 편제를 거의 그대로 이어받았어요. 이때 홍범도의 나이가 쉰한 살이었습니다.

8월 하순 대한독립군 진영은 북간도 지역으로 이동합니다. 그 과정에서 꾸준히 병력을 충원하고 무기를 구입하는 등 군사력을 보강했어요. 러시아 혁명 과정 중에 체코슬로바키아제 최신식 무기를 구입할 수 있었습니다.

대한독립군의 규모는 약 300명으로 소대-중대-대대의 편제를 채택하여 1개 소대 50명, 2개 소대를 1개 중대, 4개 중대를 1개 대대로 편성했습니다. 대한독립군은 그동안 홍범도가 구입한 권총과 소총, 상당량의 탄환으로 무장했습니다. 지휘 체제는 사령관 홍범도, 부사령관 주건, 참모장 박경철, 참모 이병채 등이었습니다. 간부진은 국내에서 의병 운동에 참여했거나 러시아령의 대한국민의회에서 간부로 활동한 사람들이었어요.

홍범도는 대한독립군을 창설하면서 「대한독립군 유고문」을 발표했어요. "당당한 독립군으로 몸을 포연탄우(총포의 연기와 비 오듯 하는 탄알이라는 뜻으로, 치열한 전투를 말함) 중에 던져 반만년 역사를 광영되게 하며 국토를 회복하여 자손만대에 행복을 줌이 우리 독립군의 목적이요 또한 우리 민족을 위하는 본의다"라는 내용입니다. 유고문은 전단으로 제작되어 각 지역의 한인 사회에 배포되었습니다.

홍범도는 진용이 갖춰지자 지체하지 않고 일본군과 전투를 벌였어요. 마침내 모든 독립운동가의 오랜 소망 중 하나였던 독립 전쟁을 시작했어요. 국내 진공 작전을 대담하게 감행한 것입니다. 대한독립군은 두만강을 건너서 1919년 8월 함경남도 혜산진에 들어가 일본군 수비대를 습격해 섬멸했어요. 이것이 3·1 혁명 후 독립군 단체들의 독립 전쟁 중에서 최초의 국내 진공 작전이며, 이 중요한 업적을 홍범도가 지휘하는 대한독립군이 수행한 것입니다.

대한독립군은 계속하여 전투를 벌입니다. 1919년 9월에는 함경남도 갑산군에 진입해서 금정 주재소 등 일제 식민지 통치 기관을 습격, 섬멸했으며 10월에는 평안북도 강계의 만포진에 진입하여 이를 점령하고, 자성군으로 진출해서 일본군과 교전하여 일본군 70여 명을 살상했어요.

상하이 임시정부는 대한독립군의 큰 승전에 놀라고 고무되어 1919년 10월 임시정부 교통사무국 참사 오동진과 김응식에게 출장을 명하여, 홍범도가 지휘하는 대한독립군의 실상과 일본군과의 교전에서 얻은 승리를 확인했습니다.

18. 항일 연합군의 국내 진공 작전

홍범도는 1919년 여름부터 부대를 이끌고 국내 진공 작전을 벌이는 한편 여타 독립군 부대와 연합 작전을 전개하면서 통합 운동에 나섰습니다. 3·1 혁명 이후 일본에서 병력이 추가로 파견되어 더욱 막강해진 일본군과 싸우기 위해서는 독립군 역시 강해지지 않으면 안 되었어요. 이에 독립군단의 연합 전선을 구축하기로 한 것입니다.

독립군의 연합 부대는 1920년 초반부터 수시로 국내 진공 작전을 전개합니다. 1월부터 3월까지 독립군 부대의 국내 진공 작전은 24회에 달하고 특히 3월 15일 함경북도 온성군 유포면 풍리동을 진격할 때는 대한독립군을 비롯한 250여 명의 독립군이 출동하여 일본 군경과 접전한 후 한때 그곳을 점령하기도 했어요.

독립군이 무장을 튼튼히 할 수 있었던 것은 홍범도와 최진동의 역할에 힘입은 바 컸습니다. 러시아에서 활동하면서 맺었던 연줄을 통해 체코제 무기를 다량 입수하게 된 것이지요.

선생님, 홍범도 장군이 누구예요?

국내에서 벌어진 3·1 혁명은 간도, 블라디보스토크 지역의 독립운동가들과 독립운동 단체들에게 희망과 용기를 불러일으켰습니다. 이 때문에 1919~1920년에 이 지역에서 무장 항일전이 집중적으로 전개되었습니다. 일제의 경성 헌병대장은 이때 러시아령과 만주에서 독립군에 참가한 병력이 1만 6000명에 달한다고 상부에 보고했어요.

19 독립군 부대의 연합 전선

1919년 4월 11일 상하이에서 대한민국임시정부가 수립되어 나라를 일제에 빼앗긴 지 9년 만에 민족사적인 국가 정통의 맥을 다시 잇게 되었습니다. 이해 1월에 파리 강화 회의가 열리고, 5월에는 중국 5·4 운동, 6월의 베르사유 강화 조약 체결, 8월의 독일 바이마르 헌법 공포가 있었고, 1920년 1월에는 국제연맹이 설립되었어요.

독립운동으로는 1919년 11월 중국 길림에서 김원봉을 비롯한 13명이 의열단을 창단하고, 비슷한 시기에 한족회의 군정부가 서로군정서로 개편하면서 본격적인 무장 전쟁의 발판을 마련했어요. 이상룡 등에 의해 유하현에서 무장 투쟁을 위해 창립된 군정부는 상하이 임시정부가 수립되면서, 하나의 민족에 두 개의 정부를 가질 수 없다는 원칙에 따라 '군정부'란 명칭 대신 서로군정서로 바꿉니다.

1920년 봄이 되자, 홍범도의 대한독립군은 대규모 국내 진공 작전을 준비합니다. 이를 위해서는 무엇보다 분산된 독립군단을 하나로 통합, 군사력을 집중시키는 일이 절실했습니다. 이에 홍범도는 군단의 통합에 착수, 우선 대한국민회의의 대한국민회군과 대한독립군을 합칩니다. 통합된 군단의 행정과 재정은 대한국민회가 관장했으며, 대한독립군은 홍범도가, 대한국민회군은 안무가 각각 담당하여 지휘했어요.

20 홍범도 장군이 이끈 봉오동 전투

홍범도가 수년 동안 준비해 온 본격적인 항일 전쟁의 기회가 왔습니다. 1920년 6월 4일 새벽 독립군 부대 30여 명이 함경북도 종성군 북방 5리 지점의 강양동으로 진입하여 일제 헌병 순찰대를 격파하고 두만강을 건너 무사히 귀환했습니다.

일제는 이 패배를 설욕하고자 남양수비대 소속의 1개 중대와 헌병 경찰 중대를 동원하여 독립군 추격에 나섰어요. 그러나 이들은 오히려 삼둔자에서 독립군의 반격을 받아 전멸하기에 이릅니다. 삼둔자 전투에서 참패한 일제는 곧 대대적인 보복전에 나섰어요.

홍범도는 일본군의 진입을 예상하고, 먼저 주민들을 전부 산중으로 대피시켜 마을을 비운 다음 전략을 발휘합니다. 6월 7일 홍범도와 최진동이 지휘한 독립군 연합 부대는 봉오골 저수지에서 북쪽으로 10킬로미터 떨어진 지점에서 유격전으로 일본군 수백 명을 사살했어요.

같은 날 오후 또 한 차례 독립군의 일본군 섬멸 작전이 전개되었습니다. 봉오동 전투는 홍범도의 지휘 아래 최진동의 군무도독부 독립군과 안무의 대한국민회군 그리고 홍범도의 대한독립군

이 연합하여 대규모 독립군 부대(대한북로군부)를 편성하고 신민단의 소부대도 참전하여 봉오동 골짜기에서 현대 무기로 무장한 일본군 1개 대대를 섬멸시킨 대첩입니다.

압도적인 일본군의 병력과 화력에도 불구하고 우리 독립군이 승리할 수 있었던 것은 3·1 혁명 이후 크게 높아진 독립군의 사기와 지리적 이점을 적절하게 활용한 전략 전술 때문이었어요. 봉오동 전투는 독립군의 사기를 크게 올림으로써 4개월 뒤 있은 청산리 대첩의 승리에 결정적인 요인이 되었습니다.

21. 마적단까지 동원한 일제의 복수

봉오동 전투에서 참패한 일제는 이를 설욕하고자 수단 방법을 가리지 않고 보복전에 나섰습니다. 중국군, 심지어 마적까지 동원하여 한국독립군의 섬멸 작전을 준비했어요.

홍범도는 1920년 8월 하순경에 휘하 부대를 이끌고 백두산 기슭의 두도구, 이도구 방면으로 이동했어요. 다른 연합 부대들도 모두 봉오동 지역을 떠나 함께 이동했습니다. 청산리는 화룡현 삼도구에 있는데, 우리 교포들이 많이 사는 용정촌에서 약 40킬로미터 정도 떨어져 있어요.

일제는 한국독립군의 이동 경로를 추적하는 한편 자체 전력을 강화하면서 새로운 음모를 꾸몄어요. 바로 '훈춘 사건'입니다. 그들은 마적의 수령 장강호(長江好)를 매수하여 마적 400여 명이 중국 훈춘에 있는 일본 영사관을 습격하게 했어요. 이 사건으로 일본인 9명이 살해됩니다. 일제는 이를 빌미로 일본 영사관 보호와 마적 토벌이라는 구실 아래 함경북도에 본부를 두고 있는 제

19사단의 병력을 불법으로 출동시켜 일대의 조선인과 독립운동가들을 무차별 학살했습니다. 봉오동에서의 참패에 대한 보복과 더불어 간도 출병의 명분을 위한 처사였어요.

이 사건으로 훈춘에서만 조선인 교포 240여 명이 학살되었습니다. 일제가 봉오동 참패에 얼마나 겁을 먹었는지, 한국독립군의 위세가 그들에게 얼마나 큰 공포감을 주었는지는 각지의 정예 부대를 차출하여 대규모 특수 군단을 편성한 데서도 알 수 있습니다.

한국독립군은 대단히 어려운 처지에 직면하게 되었어요. 하나는 막강한 병력으로 호시탐탐 기회를 노리는 일제였고 다른 하나는 중국 측으로부터의 냉대였습니다. 홍범도 장군은 부하들을 이끌고 청산리로 들어갔어요. 홍범도 부대뿐만 아니라 대부분 병력이 그리로 이동했어요.

당시 청산리로 이동한 독립군은 대한독립군(약 300명), 대한국민회군(약 250명), 대한신민단(약 200명), 의군부(약 157명), 의민단(약 100명), 한민회단(약 200명) 등 약 1200명에 이르렀어요. 5개 부대 대표들은 10월 13일 대표자 회의를 열고, 홍범도를 사령관으로 하여 하나의 독립군 연합 부대를 편성하고, 함께 일본군의 공격에 대응할 것을 결정했습니다.

역사적인 청산리 대첩은 일본군의 도발로 시작되었어요. 1920년 10월 20일 일제의 야마다 연대는 청산리 계곡으로 진격해 들어왔습니다. 이때 김좌진의 북로군정서는 매복해 있다가 21일 오전 9시경 일본군 척후병이 매복 지점에 들어오자 공격을 했습니다. 일본군의 주력 부대가 기관총 등 중무기를 앞세우고 몇 차례 돌격을 시도했으나 300여 명의 독립군에게 격퇴당했어요.

청산리 대첩의 두 번째 전투는 완루구 전투로서 홍범도 연합 부대가 완루구에서 10월 21일 늦은 오후부터 22일 새벽에 걸쳐 일본군과 전투를 벌여, 일본군 약 400명이 죽거나 다쳤습니다.

청산리 대첩은 10월 21일부터 26일까지 6일 동안 10차례에 걸쳐 치열하게 전개되었어요. 이 전투들은 모두 홍범도의 연합 독립군과 김좌진이 인솔하는 북로군정서군이 단독 혹은 연합 작전으로 수행했던 것입니다.

22 독립운동사에 길이 남을 청산리 대첩

청산리 대첩은 일제에게 나라를 빼앗기고 난 이후 독립군이 이룬 가장 빛나는 대첩입니다. 독립군 중에는 신흥무관학교 등 군관학교 출신도 적지 않았지만, 다수는 나라를 되찾겠다는 의기 하나로 모여든 무명의 청년들이었어요. 반면에 적군은 일본 정규군에서 선발된 자들이고 현대식 병기로 무장한 최강의 병력이었지요.

상하이 임시정부 기관지 〈독립신문〉은 통칭 '청산리 대첩'에서 일본군의 전사자를 약 1200명으로 추산하고, 중국 신문 〈요동일일신문〉은 약 2000명이라고 보도했습니다. 임시정부 제2대 대통령 박은식도 일본군 전사자가 약 2000명이라고 추산했어요.

임시정부 군무부는 북로군정서의 보고인 「대한군정서 보고」에 근거하여 청산리 대첩의 구체적 전과를 다음과 같이 확인했습니다.

1. 적의 사상자

사망자 연대장 1인, 대대장 2인, 기타 장교 이하 1254인,

부상자는 장교 이하 200여 인

2. 아군의 사상과 포로

사망자 1인, 부상자 5인, 포로 2인

3. 아군의 전리품

기관총 4정, 소총 53병, 기병총 31병, 탄약 5000발,

군도 5병, 나팔 3척, 마안(馬鞍) 31차, 군용 지도 4부, 완시계 4개,

기타 피복, 모자, 모포, 휴대 천막, 군대 수첩 등 약간

당시 항일 연합군은 추위와 기아를 독립군가로 달래면서 일제와 싸웠습니다. 제1절을 소개합니다.

독립군가

나아가세 독립군아 어서 나아가세
기다리던 독립 전쟁 돌아왔네
이때를 기다리고 10년 동안에
갈았던 날랜 칼을 시험할 날이
나아가세 대한민국 독립군사야
자유 독립 광복함이 오늘이로다
정의의 태극 깃발 날리는 곳에
적의 군사 낙엽같이 쓰러지리라

4 조선의 독립을 위해 러시아로 가다

23 참혹했던 일제의 민간인 학살

봉오동 전투와 청산리 대첩을 주도한 홍범도는 부하들을 이끌고 북상 길에 올랐어요. 일본군의 대대적인 보복전을 피하고, 거듭되는 전투에서 피로해진 부하들의 건강 회복이 필요해서 취한 조처였습니다. 전력을 더욱 강화하여 본격적인 국내 진공전을 전개하려는 원대한 목표였지요. 홍범도의 부대뿐만 아니라 연합군 모두가 함께하는 북상이었습니다.

홍범도 부대와 연합군이 간도를 떠난 후 청산리 대첩에서 참패한 일제는 간도 지역 한인들에 대한 야수적인 보복을 자행합니다. 한인들이 독립군들의 '지원 부대' 역할을 한 데 대한 분풀이였지요. 이참에 독립군의 근거지를 박멸하려는 목적이 있었습니다.

경신참변, 경신 대학살, 간도 대학살 등으로 불리는 일본군의 학살은 기록에 따라 3500명에서 5000명에 이르는 대참변이었어요.

1920년 10월 9일에서 11월 5일까지 간도 일대에서 일본군에

학살된 한국인은 3469명이고, 이를 전후하여 3, 4개월 동안에 걸쳐 학살당한 한국인을 합하면 약 5000여 명이 참변을 당한 것으로 추산되었어요. 당시 일본군의 잔인한 만행을 목격한 미국인 선교사는 "피에 젖은 만주 땅이 바로 저주받은 인간사의 한 페이지"라고 탄식했습니다.

일본군은 한국인 마을을 포위, 습격한 뒤 모든 남자를 한자리에 모아 놓고 총이나 창으로 학살했어요. 부녀자들은 보이는 대로 겁탈하고 살해했습니다. 집을 불태우고 가축을 약탈하여 마을을 폐허로 만들었어요. 1920년 말까지 3개월간 집중적으로 학살이 자행되었고, 그 후에도 잔류 부대가 다음 해 3월까지 학살과 겁탈을 계속했습니다.

일본군의 만행은 북간도 지방에서만 있었던 것이 아닙니다. 봉천성 관내의 서간도 지방은 물론 만주뿐만 아니라 시베리아 지방에서도 자행되었습니다.

24 러시아령 이만으로 부대를 옮기다

1921년에 홍범도는 쉰세 살이 되었지만 여전히 건강하고 투지는 불타올랐어요. 일제가 봉오동 전투와 청산리 대첩의 분풀이로 동포 수천 명을 학살했다는 소식을 듣고 반드시 되갚겠다는 각오로 새로운 출발점에 섰습니다.

그는 1월 하순 700여 명의 부대원을 이끌고 흑룡강(우수리강)을 건너 러시아령 아무르주의 이만으로 들어갔어요. 대규모 군대를 편성하여 다시 일본군을 섬멸하기 위해서는 소비에트 정부의 지원이 필요하다고 믿었기 때문입니다.

1920년 여름 소비에트 정부와 우리 대한민국임시정부는 비밀 군사 협정을 체결했어요. 6개 항으로 이루어진 협정입니다. 소비에트 정부는 한국독립군 부대의 시베리아 주둔 및 양성을 승인하며, 무기와 장비를 공급하기로 약속했습니다. 그 대신 대한민국임시정부는 시베리아 주둔 독립군이 소비에트 정부의 군사 명령을 받아들이며, 시베리아를 침략하는 적대 국가에 대해 공동 작전을

한다는 점을 명시했어요. 이 협정은 홍범도 등 독립운동가들에게 시베리아에 한인으로 구성된 대규모 무장 부대를 편성한다는 계획의 기반이 되었습니다.

홍범도가 러시아령 이만으로 부대를 옮긴 것은 이 같은 배경에서였어요. 간도 참변 이후 활동 근거지를 상실한 무장 독립운동가와 단체들이 속속 이곳으로 이동했습니다. 일제가 1920년 4월 블라디보스토크에 침입하여 한인들을 대거 학살하면서, 김표도르 등 의병 부대들도 이만으로 옮겨와 일본군과 싸우고 있었어요.

이만에는 홍범도 부대 외에 김좌진 부대의 일부, 최진동의 총군부 부대, 안무의 대한국민회군 부대를 비롯하여 연해주와 북간도의 각급 무장 부대 그리고 소비에트 영내에서 결성된 각종 한인 부대들이 합류했어요. 전체 무장 부대는 약 4500명을 헤아리는 규모였습니다.

1921년 1월에는 한인독립군 부대의 책임자들이 아무르주의 자유시에 모여 '대한의용군'을 조직하고자 '전한의병대의회 소집위원회'를 구성한 데 이어 3월 중순경에 미사노프에서 전한의병대의회를 개최하고, 전한군사위원회와 대한의용군 총사령부를 조직합니다. 군사위원은 이용·채영·한운룡·장기영·박일리야 등 5명이, 참모부에는 홍범도·안무·서일·이청천·이용·최진동 등 15명이 선출되었어요.

그런데 이 과정에서 러시아령의 무장 부대 사이에 주도권을 둘러싼 갈등이 생기지요. 한인보병 자유대대와 대한국민의회, 전

로고려공산당 등이 독자적인 최고 군사 기관을 조직하겠다고 나서면서 대한의용군 총사령부를 인정하려 하지 않은 것입니다. 항일 독립군 부대들은 자유시로 이동하여 다시 연합부대를 결성하고 일제와 싸우는 것이 목적이었습니다. 그런데 모처럼 태동한 독립군의 통합 부대 조직은 수포로 돌아갑니다.

이 무렵 러시아 원동공화국(극동공화국) 소속 제2군단이 한인 독립군 부대의 무장 해제를 요구했습니다. 명분은 한인 부대들이 각기 일본제·러시아제·체코제 등 다양한 병기로 무장하여 전투에 효율성이 떨어지므로, 이를 회수하여 러시아제로 일괄하여 지급하겠다는 것이었습니다.

군인에게 무기는 생명과 같은 것으로 많은 병사가 의구심을 제기하며 망설였습니다. 홍범도는 간부들과 상의하여 이에 응하기로 결정했어요.

25 자유시 참변의 비극

1921년 6월 28일 아무르주의 자유시 인근 수라세프카에 주둔한 한인 부대인 사할린의용대가 무장 해제를 거부하자 러시아 적군이 무장을 해제시키는 과정에서 많은 독립운동가들이 희생을 당했습니다. 이 사건은 한국 무장 독립운동 사상 최대의 비극적인 사건입니다.

'자유시 참변'은 수많은 독립운동가의 희생과 더불어 홍범도 개인에게도 씻을 수 없는 일대 비극적인 사건이었습니다. 이로써 그의 무장 투쟁이 사실상 끝났기 때문입니다. 이후 홍범도 장군이 속한 부대가 코민테른 동양 비서부에 의해 소비에트 적군 한

인 여단으로 편성되는 등 직접 항일전을 지휘할 수 있는 위치가 되지 못했어요.

　독립군 부대들을 통합하여 독립 전쟁을 계획했던 홍범도 장군의 노력은 자유시 참변으로 인해 무산되었습니다. 홍범도에게 그나마 다행인 것은 자신의 부대는 거의 희생자가 없었다는 점입니다. 부하들의 희생을 막았지만, 독립운동가들이 겪은 참사에 대해 홍범도는 땅을 치며 통곡을 했습니다.

26 소비에트 정권의 배반

홍범도는 자유시 참변 이후 이르쿠츠크로 이동하며, 또 한 번의 좌절을 겪었습니다. 홍범도는 조선독립여단 제2연대 제1대대의 대대장으로 임명되었지만, 러시아 적군에 편입된 부대 대대장의 신분이 독립군 사령관과 같을 수 없었어요. 조선독립여단은 별로 할 일이 없어서 그저 이르쿠츠크시를 경비하는 일과 군사 교육을 실시했어요.

조선독립여단의 소속 부대원은 이르쿠츠크에서 평온한 생활을 하고 있었습니다. 홍범도는 자기 부대를 거느리고 만주에서 러시아령으로 넘어와 근 1년이나 줄곧 무위도식하는 생활에 짜증이 날 지경이었어요.

러시아의 정치 상황은 홍범도를 비롯한 한국 독립운동가들의 처지와는 상관없이 빠르게 진전되고 있었습니다. 러시아는 볼셰비키 정부가 내전을 벌일 때와 일제와 싸울 때는 한인 무장 부대의 지원을 요구하다가, 내전이 종식되고 일본군이 철병한 후로는

완전히 태도를 바꾸었어요. 한인 독립군들은 국적 문제부터 어려움에 빠졌습니다. 이는 소련이 일본과 맺은 기본 조약 때문이었습니다. 일·소 기본 조약 5조에서 상호 간의 선전 및 파괴 활동과 그에 대한 지원을 금지한다고 규정하면서 러시아령에서 한인의 항일 투쟁은 어렵게 되었어요.

이 무렵 홍범도의 생애에 또 한 차례의 변화가 일고 있었어요. 국제 정세의 변화입니다. 미국 대통령 워런 하딩의 제안으로

1921년 11월 11일부터 1922년 2월 6일까지 워싱턴에서 '태평양 회의'가 열렸어요. 제1차 세계 대전 전승국인 미국·영국·프랑스·일본이 아시아·태평양 일대의 신질서 수립을 논의하기 위한 회의였습니다.

이 사실이 알려지면서 대한민국임시정부를 비롯하여 독립운동 단체들은 크게 기대하면서 한인 대표의 파견을 서둘렀습니다. 태평양 회의(워싱턴 군축 회의) 주제 중에 '극동 문제 해결'이 포함되었기 때문입니다. 그러나 태평양 회의가 결국 승전국을 비롯한 강대국의 이익을 보장하는 것으로 귀결되고, 한국 대표단의 활동은 물거품이 되었어요.

5 이국의 땅에서 별이 지다

27 모스크바에서 만난 레닌

러시아는 태평양 회의에 맞대응하여 1922년 1월 21일부터 2월 2일까지 모스크바에서 코민테른 집행 위원회가 주최하는 '극동 민족대회'를 개최하였습니다.

한국 독립운동가들은 태평양 회의에 크게 실망한 터라 지역과 이데올로기를 뛰어넘어 많은 사람이 여기에 참석합니다. 홍범도를 포함해 김규식·여운형·김상덕·이동휘·조봉암·김단야·김시현·김승학 등 총 56명이 참석했습니다.

국립 크렘린 궁전에서 열린 대회에서 의결권이나 심의권을 가진 각국의 대표자는 총 144명이었어요. 민족별로 보면 한국이 56명으로 36%를 차지하여 가장 많고, 중국 42명, 일본 16명, 몽골 14명, 부리야트(재시베리아 몽골계 소수 민족) 3명, 인도 2명 등입니다.

한국인이 압도적으로 많은 것은 이 대회에 그만큼 기대가 높았기 때문이에요. 임시정부를 비롯하여 공산주의 계열, 아나키즘 계열, 노동자 대표, 조선기독교연맹 등 국내외의 각급 독립운동

레닌(1870-1924)   트로츠키(1879-1940)

단체 지도자들이 참석했습니다.

　홍범도는 고려혁명군의 대표 자격으로 대회에 참석하고, 이때 레닌과 트로츠키를 만납니다. 레닌은 홍범도에게 자신의 이름이 새겨진 권총 1정과 100루블을 주었어요. 레닌 정부가 그의 항일 투쟁을 높이 평가한 것입니다. 홍범도에게 이 대회는 한국 독립운동가, 각국의 민족 지도자들과 만나 세계관을 넓히는 계기가 되었어요. 특히 레닌과 트로츠키를 만나 항일 투쟁 문제 등을 논의한 것은 큰 수확이었습니다.

홍범도는 성공적으로 민족대회를 마치고 1922년 2월 중순 다시 이르쿠츠크로 돌아왔습니다. 이때 레닌을 만나 권총과 친필 서명한 '조선군대장'이라는 증명서를 선물로 받은 것이 해방 후 한때 '좌경용공'으로 몰리는 요인이 되었어요.

28 동포와 함께 재기를 꿈꾸다

홍범도는 러시아의 지도자 레닌과 트로츠키로부터 극진한 환대를 받았지만, 그가 처한 현실은 척박하기 그지없었어요.

홍범도는 당시 중대한 선택의 기로에 서게 되었어요. 러시아에 머무르면서 기회를 보아 다시 항일 투쟁을 시작하느냐, 중국 영내로 돌아가서 새로운 투쟁을 하느냐의 갈림길이었습니다. 1923년은 그의 나이 쉰다섯 살, 당시의 평균 수명으로는 노년기에 접어들었습니다. 둘째 아들을 여읜 뒤로는 정신적으로도 많이 피로하고 외로워졌습니다.

홍범도는 1923년 2월 머물던 이르쿠츠크를 떠나 치타에서 4, 5개월 체류하고, 8월 1일부터 블라고베셴스크를 거쳐 하바롭스크로 이동했습니다. 행정 당국과 접촉하며 이만 근처의 토지를 구입해 군인 동지들과 농사를 지으며 때를 기다리려는 계획이었어요. 그런 와중에 하마터면 목숨을 잃을 뻔한 테러를 당했습니다. 주변에서 밀정·암살단이 그를 노리는 일이 그치지 않았어요.

홍범도는 50여 명의 옛 전우들과 협동조합을 만들고, 소련 정부로부터 개간 허가를 받았어요. 협동조합을 조직할 때 레닌에게서 받은 돈 100루블을 몽땅 여기에 기부합니다. 홍범도는 양봉을 하고 협동조합을 만들어 운영하는 등 여러 가지 사업을 시도했으나 큰 성과를 내지 못했어요. 소련에서 사회주의 체제가 진행되면서 판로가 막혀 버린 것입니다.

그는 연해주에서 유일한 집단 농장인 협동조합이 어느 정도 자리를 잡게 되자 새로 들어온 청년들에게 틈나는 대로 사격술을 비롯하여 군사 훈련을 시켰습니다. 마침 소련 정부에서는 국방 사업을 강화하느라고 각 지방에 정식 군대 비슷한 특수 부대를 편성하여 퇴역 군인들이 청년들을 훈련시키도록 했어요. 홍범도에게는 모처럼 신나는 일이었습니다.

골치 아픈 일도 적지 않았습니다. 홍범도를 비롯하여 조선인 조합원 대부분이 무국적자들이었어요. 이를 빌미로 협동조합을 넘보는 자들이 있었어요. 홍범도와 동지들은 소련 중앙 정부에 과거 봉오동 전투와 청산리 대첩 등 영웅적 항일 투쟁을 자세히 소개하면서, 소련에 거주하는 모든 조선인에게 소련 공민권(소련 국적)을 보장하라고 제의했어요. 국적이 없으면 농토 제공은 물론 각종 배급에서도 제외되기 때문입니다.

만주와 드넓은 연해주를 누비면서 독립군을 지휘하며 일본군과 싸웠던 홍범도에게 협동조합에서 농사를 짓고 벌꿀을 치는 생활은 쉽지 않았습니다. 황무지를 개간하여 농토로 만드는 것이 보통 어려운 일이 아니었습니다. 그러나 누구보다 새벽 일찍 일어나 농기구를 들고 밤늦도록 땅을 팠습니다. 그는 성격상 매사에 모범이었고 어려운 일을 손수 처리했어요. 그래서 군부대에서처럼 따르는 사람이 많았고, 과거의 투쟁 경력을 아는지라 존경의 대상이 되었지요.

1908년 일제의 모진 고문으로 아내를 잃은 지 18년이 지났습니다. 그 사이 일제와 싸우고 자유시 참변 등을 겪느라 몸을 돌볼 틈이 없었어요. 나날이 힘겨운 노동에 먹거리는 신통치 않았어요. 건강이 많이 상했습니다.

1926년에 들어 주변에서 좋은 혼처가 있다면서 중매가 들어왔어요. 이웃 마을에 사는 50세쯤 되는 여인으로 남편이 항일 투쟁하다가 전사해 혼자가 된 사람이었습니다. 결혼한 외동딸은 출산하다가 사망하여, 손녀를 데리고 외롭게 살고 있었어요. 이인복이라는 이 여성은 조선 글과 러시아 글도 어느 정도 깨우친 데다,

인성이 착하고 어질다며 추천했습니다.

    홍범도는 이인복과 재혼하여 18년 홀아비 생활에 종지부를 찍었어요. 새 가정을 꾸렸으나 협동조합 은거 생활은 쉽지 않았습니다. 일진회 활동을 하다가 홍범도에게 처단된 친일파의 아들이 아버지의 원수를 갚는다며 마을로 잠입하고, 일제의 밀정도 끊이지 않고 주변을 맴돌았어요.

29 소련공산당에 입당한 사연

협동조합이 점차 자리를 잡아나가자 지역 관리들이 찾아와서 나라 땅이니 환수하겠다고 하는데 이를 막을 방법이 없었습니다. 이에 홍범도는 1927년 10월 소련공산당에 입당했어요. 공산주의에 동조해서라기보다 일제와 싸웠던 나이 든 동지들의 생계 수단이자 이주 한인들의 생업인 집단 농장을 유지하려면 당원 자격이 필요하다는 동지들의 의견 때문이었습니다. 이때 받은 당증 번호는 578492번이었어요. 소련은 스탈린 체제가 강화되면서 소수 민족에 대한 차별이 심해졌습니다. 레닌으로부터 받은 정표도, 소련공산당 당원증도 별로 효력이 없었습니다.

홍범도는 1928년 7월 그동안 동지들과 피땀 흘려 개간한 농지를 떠나 이만 남쪽 스파스크의 진동촌으로 옮겨 다시 황무지를 개간하며 농토를 일구어야 했습니다. 땅은 비옥했지만, 이번에는 다른 집단 농장 소속의 러시아인들이 수로를 막는 등 행패가 심하여 견디기 어려웠어요.

선생님, 홍범도 장군이 누구예요?

홍범도와 그의 동지들은 1929년 겨울 피눈물을 흘리며 다시 중·소 국경 지대인 홍개호 부근으로 옮겨 짐을 풀었습니다. 또 새로운 개간 작업이 시작되었어요. 나라 없는 국민에게는 자리 잡을 땅이 없었습니다. 황무지를 개간하여 어느 정도 수확할 만하면 관리들이 나타나 농지를 빼앗고 쫓아냈어요. 그러기를 몇 차례나 반복했습니다.

이 무렵에 그나마 위안이 되는 일이 있었어요. 1929년 겨울에 정년퇴직하면서 한인 부대의 '명예 군인'으로 추대된 것입니다. 그는 전형적인 군인입니다. 기운이 없다가도 군복을 입고 연단에 서면 피가 끓고 활력이 넘쳐 포효하지요. 우리에 갇히다시피 한 호랑이 홍범도에게 이 시기는 좌절과 울분의 세월이었습니다. 그나마 즐거움이란 새 부인이 데려온 손녀의 재롱이었어요. 홍범도는 이 손녀를 특히 예뻐했습니다.

한편 날이 갈수록 소련 정부의 한인 적대 정책이 강화되었습니다. 1931년 9월 18일 일본군의 도발로 만주 사변이 발발하고, 1933년 3월 1일에는 '만주국'이 수립되자 소련은 일본의 팽창을 크게 걱정했어요. 소련 당국은 만주 사변 직후부터 극동 지역 일본인에 대한 감시와 함께 한인의 스파이 활동 가능성을 의심하며 감시 활동도 강화했습니다.

 러시아령의 한인들은 어려움이 가중되고, 따라서 홍범도의 꿈은 멀어져 갔습니다. 그의 나이 어느덧 예순아홉 살에 이르렀어요. 홍범도의 꿈을 **빼앗는** 것은 극동 정세의 변화와 함께 육신을 좀먹어 가는 세월이었습니다.

30. 스탈린의 폭거와 카자흐스탄 강제 이주

'역전의 항일 투사' 홍범도에게 노년은 불우했어요. 자신의 의지와는 상관없는 소련 정부에 의한 고난이었습니다. 그나마 조국과 가까운 러시아 극동에서 동포들과 살아갔는데, 1937년 머나먼 중앙아시아로 추방당한 것입니다.

근대 세계사에서 초유의 '민족 강제 집단 이주'가 스탈린에 의해 자행되었어요. 러시아는 일제와 싸웠고, 내전 당시 다수의 한인이 적군에 협력하여 볼셰비키 정권이 수립되었는데도 스탈린 정권은 한인을 적대시하면서 중앙아시아로 쫓아냈습니다.

중앙아시아의 카자흐스탄과 우즈베키스탄은 지리적으로 러시아, 아프가니스탄, 중국 등과 가깝습니다. 평지, 고지, 산악 지대가 펼쳐진 땅과 건조하고 지역에 따라 온도 차가 큰 대륙성 기후가 특징이에요. 바로 이곳으로 쫓겨난 거예요.

트로츠키파를 제거하고 부하린 등의 우파마저 당의 의사 결정 기구에서 추방한 스탈린은 1인 독재 체제를 구축하면서 내부

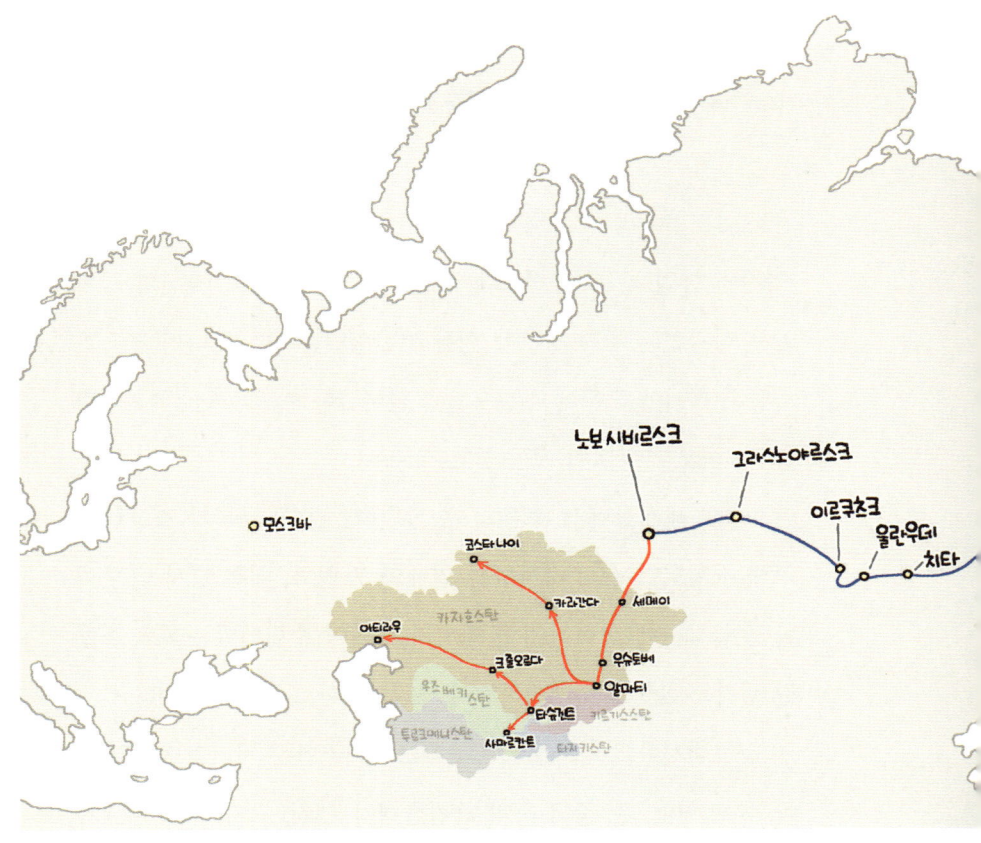

고려인 강제 이주 및 중앙아시아 도착 후 분산 경로

숙청과 소수 민족의 격리 정책을 자행했어요. 홍범도와 함께 극동에서 중앙아시아로 강제로 이주당한 사람은 총 3만 6442가구 17만 1781명이었어요. 한인(고려인) 전체가 강제 이주를 당한 것입

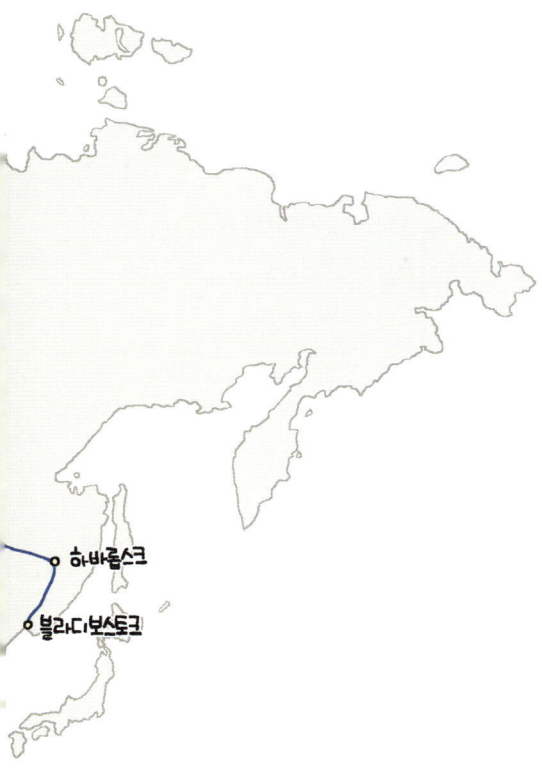

니다. 소련 정부는 총 124대의 열차를 동원해 객차와 화물차, 가축 운반차에 각각 사람과 짐, 가축을 실어 날랐습니다.

고려인들은 그야말로 "아닌 밤중에 홍두깨" 격으로, 아무런 준비나 사전 지식도 없이 6000여 킬로미터나 떨어진 반사막 지대 중앙아시아로 추방되었습니다. 소련 정부의 고려인 강제 이주 과정은 말로 표현하기조차 어려운 야만의 극치였습니다.

31 파란만장한 생애를 일지로 남기다

한 달이 넘는 긴 여정 끝에 고려인들은 우즈베키스탄공화국에 1만 6272가구 7만 6525명, 카자흐스탄공화국에 2만 170가구 9만 5256명이 분산 배치되었습니다. 고려인들이 도착한 곳은 톈산산맥의 고원 지대였어요. 여름에는 몹시 덥고 겨울에는 몹시 추운 반사막의 황량한 지대로 사람이 살기 힘든 지역이었습니다. 그래서 제정 러시아 시절부터 유배지로 유명했어요.

홍범도는 카자흐스탄의 시르다리야강 근처의 한 마을에 배정되었어요. 여기서 반년쯤 지내다가 이듬해 4월 초에 크즐오르다로 이사하였습니다. 홍범도가 크즐오르다로 이사한 것은 여기에서 여생을 조금이라도 보람 있게 보내려는 뜻이었어요.

황량한 지대에 내팽개쳐진 고려인들은 억척스럽게 움막집을 짓고 땅을 파면서 생활의 터전을 닦았습니다. 기후가 맞지 않아 풍토병에 시달리면서도 끈기를 발휘했어요. 그러나 소련 정부의 학대 정책은 계속되었습니다.

스탈린은 특명으로 한국어를 소련 내 소수 민족의 언어에서 제외시켰어요. 고려인들은 거주하는 공화국 이외의 타지 여행이 금지되었으며, 군인으로 복무할 수도 없게 했습니다. 이러한 학대와 고난을 무릅쓰고 고려인들은 봄이 되자 운하를 파고 강물을 끌어들여 논을 만들어 가져간 볍씨를 뿌렸습니다.

고려인들은 척박한 사막 지대를 개간하여 벼를 비롯하여 여러 가지 농작물을 심었어요. 근면함과 성실성으로 수확을 얻고 노동자들도 역량을 발휘하여 지역 사회에서 좋은 평가를 받게 되었습니다. 홍범도는 이제 70대의 고령에 접어들었어요. 하릴없이 늙어 가는 자신의 모습에 안타까워했습니다. 그러던 중 1941년 6월 일본과 동맹 관계인 독일이 소련을 기습 공격하면서 독·소 전쟁이 발발했어요.

홍범도는 노구를 이끌고 당 위원회를 찾아가 정규군으로 입대할 터이니 전선에 보내 줄 것을 간청합니다. 일본의 동맹국인 독일도 적국이라는 인식에서였지요. 그러나 일흔세 살 고령자의 정규군 참전 요구는 받아들여지지 않았어요. 홍범도는 소련 군인들 앞에서 자신의 백발백중 사격 솜씨를 보여주었지만 그래도 현역 징집은 거부되었습니다.

그러던 어느 날 한인 연출가 태장춘이 집으로 찾아왔어요. 그는 우선 홍범도를 극장에서 그리 힘들지 않은 일인 수위 직책을 맡아보게끔 주선합니다. 태장춘을 만난 것은 홍범도 자신에게는 물론 항일 운동사를 연구하는 사람들에게 큰 행운이었어요. 그의 간청으로 홍범도는 짧게나마 파란곡절에 찬 자신의 생애를 돌아보는 '일지'를 쓰게 됩니다. 태장춘은 이것을 바탕으로 희곡을 써서 '의병들'(나중에 '홍범도'로 이름 바꿈)이라는 연극을 공연했어요.

홍범도는 연극을 준비하는 태장춘에게 자기를 너무 추켜세우지 말도록 당부하였습니다. 평소 겸손한 품성 그대로였어요. 연극은 제2차 세계 대전 중 일본을 적국으로 하는 이야기로 고려인들뿐만 아니라 현지인들에게도 큰 감명을 주었습니다.

32 | 일흔다섯 살의 거인, 마침내 눈을 감다

1943년 10월 25일(양력 11월 22일) 홍범도는 일흔다섯 살의 나이로 크즐오르다 스체프나야 거리 제2번지에 있는 자기 집에서 아내와 손녀, 동료들이 지켜보는 가운데 눈을 감았습니다. 장렬한 생애였어요.

같은 시대의 한국인 중에 그와 같이 초지일관하여 항일 무장 투쟁을 전개한 이도 흔치 않았어요. 독립 전쟁에서 일제가 가장 두려워했던 인물이었습니다. 말년에 이르러 소련에 의해 이역만리로 강제 이주를 당했지만, 한시도 조국 해방의 염원을 접은 적이 없었어요.

조국의 독립을 불과 2년 앞두고, 홍범도는 그 반가운 소식을 듣지 못한 채 파란만장한 생을 마감하게 됩니다. 그는 항일전의 맹장, 독립 전쟁의 영웅이면서도 군림하지 않았어요. 일상이나 전쟁 중에도 병졸들과 똑같이 먹고 자면서 생활했습니다. 그러면서 '계급장 없는 장군'으로 불리고, '백두산 호랑이'가 되고, '날아다

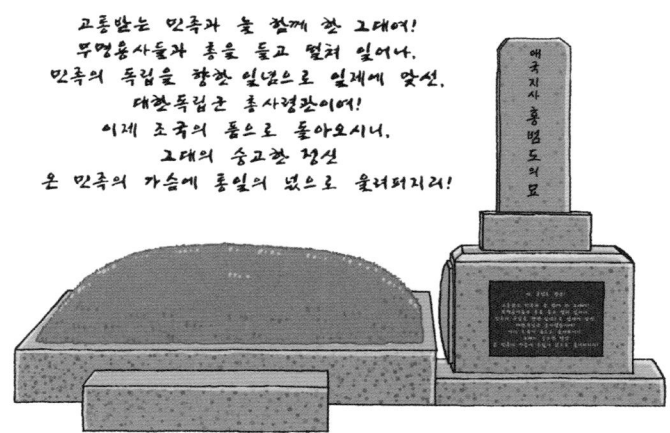

국립 대전 현충원 홍범도 장군 묘비와 묘비 글

니는 장군'의 신화를 낳았어요.

그는 숨지기 며칠 전 옛 동지들을 자기 집으로 불러 기르던 돼지를 잡아 잔치를 베풀었습니다. 일제의 패망을 기원하면서 노병들을 격려하는 잔치였습니다.

유해는 마을 인근 공동묘지에 안장되었다가 서거 8년째인 1951년 고인의 동지들이 모여 분묘 수리 위원회를 구성하고, 성금을 모아 퇴락한 묘소를 정비하고 새로 묘비를 세웠습니다. 홍범도 장군의 유해는 순국 78년 만인 2021년 8월 15일 고국의 품으로 돌아와 국립 대전 현충원에 모셔져 있습니다.

| 맺음말

뜬금없는 '홍범도 장군 지우기'에 부쳐

해방된 조국은 항일 무장 투쟁의 위대한 지도자 홍범도 장군을 오랫동안 잊어 왔어요. 독립운동가 중에는 그의 일본군 섬멸전을 마치 자기가 한 것처럼 내세운 사람도 있었고, 학계 일각에서 이에 동조했어요. 또한 냉전 시대 그가 말년을 보낸 카자흐스탄이 소련 연방에 속하면서 우리나라와 외교 관계가 없었고 교류가 단절됨으로써 한동안 홍범도 장군은 망각의 인물이 되고 말았습니다.

하지만 역사의 진실은 결국 드러나게 마련이지요. 소련 연방이 해체되고, 한국과 카자흐스탄의 외교 관계 수립으로 그쪽 정보가 간간이 흘러들어 오고 홍범도 장군의 소식도 전해졌어요. 민주화가 진척되면서 그에게 들씌워졌던 공산주의자라는 너울이 벗겨지면서, 그리고 중국과 소련에 묻혀 있던 독립운동 관련 기록이 알려지면서 학계의 연구가 진척되었어요. 2005년에는 국정원장을 지낸 이종찬 씨의 주도로 '여천 홍범도 장군 기념사업회'가 발족하고, 해방 후 처음으로 추모 행사가 거행되었습니다.

문재인 정부는 2021년 8월 15일 홍 장군의 유해를 순국 78년 만에 고국의 품으로 모셔왔습니다. 공군 전투기 6대의 엄호 비행을 받으며 국내에 봉환된 유해는 사흘 뒤 국립 대전 현충원에 안장되었지요. 이날 안장식에서 '대한독립군 총사령관'이라 쓰인 빨간 천이 덮인 관을 향해 국군은 엄숙하게 경례했습니다.

이에 앞서 박정희 정부는 1962년 대한민국 건국훈장 대통령장을 추서하고, 박근혜 정부는 2016년 해군함정 '홍범도함'을 진수시켰어요. 그리고 문재인 정부는 2018년 육군사관학교 교정에 홍범도 장군을 비롯하여 김좌진·지청천·이범석·이회영 등 항일 독립운동가 5인의 흉상을 건립했습니다.

흉상은 후배 장병들이 사용했던 탄피를 녹여 완성했고, 건립 당시 육사 충무관에서는 '독립군과 광복군에서 대한민국 육군으로, 독립전쟁의 영웅을 기리며'라는 특별 전시회가 열렸어요. 생도들에게 독립군과 광복군의 독립운동 정신을 가르쳐 호국 의지로 승화시키려는 목적이었습니다. 뒤늦게나마 해방된 조국에서 따뜻한 예우를 받게 된 것입니다.

그런데 뜬금없이 사달이 벌어졌습니다. 2022년 국정 감사에서 국민의힘 소속 한 의원이 "홍범도 장군은 공산당에 입당했던 공산주의자로서 6·25 남침을 한 북한을 주적으로 교육하는 육사 교정에 존치하는 건 교육적으로 부당하므로 이전해야 한다"고 주장합니다.

집단 농장에서 함께 일하는 옛 부하들과 이주 한인 동포들의 농지 경작권을 보호하고자 소련공산당에 입당한 것을 두고, 공산주의자로 매도해요. 이 사건은 일파만파로 확산되어, 육사 교정의 흉상이 철거 위기에 이릅니다.

홍범도 장군의 흉상 철거와 관련 2023년 국회 국방위원회 국정 감사에서 육군사관학교 교장은 "육사 내 홍범도 장군 흉상이 생도들의 대적관을 흐리게 한다"라는 생뚱한 발언을 해요. 또 당시 육군참모총장은 "육사의 설립 취지와 목적은 광복 운동, 항일 운동 학교가 아니다"라고 주장했습니다. 우리 헌법은 임시정부의 법통을 계승하고 있는데, 이 같은 발언들은 헌법 정신에 배치된다고 할 것입니다.

카자흐스탄에 살고 있는 고려인들은 홍범도 장군의 유해가 고국에서 홀대당하고 있음에 크게 실망했다고 합니다. 정신적 지주이던 그의 유해를 고국으로 봉환할 때 헤어짐에 많이 서운했는데, 홀대받는 일이 터지자 그러려면 다시 돌려보내라는 여론이 높았습니다. 결국 2025년 5월 육군사관학교는 국민들의 반발이 크자 홍범도 장군의 흉상을 육군사관학교 교정에 그대로 존치하기로 결정했습니다. 위대한 무장 투쟁의 독립투사 홍범도 장군의 업적은 누구도 폄훼할 수 없고, 그의 삶은 오늘날 우리 모두가 본받아야 할 모범입니다.